現在是挺身戰鬥的時候，未來才會是我們的！

切・格瓦拉
100則經典傳世語錄

【逝世50周年紀念珍藏版】

別冊寶島編集部　編
陸蕙貽　譯

belle vue 14

現在是挺身戰鬥的時候，未來才會是我們的！切・格瓦拉100則經典傳世語錄

編　　者　別冊寶島編集部
譯　　者　陸蕙貽
主　　編　曹　慧
美術設計　三人制創
社　　長　郭重興
發行人兼出版總監　曾大福
總 編 輯　曹　慧
編輯出版　奇光出版
E-mail: lumieres@bookrep.com.tw
部落格：http://lumieresino.pixnet.net/blog
粉絲團：https://www.facebook.com/lumierespublishing
發　　行　遠足文化事業股份有限公司
http://www.bookrep.com.tw
23141新北市新店區民權路108-4號8樓
電　　話：(02) 22181417
客服專線：0800-221029　傳真：(02) 86671065
郵撥帳號：19504465　戶名：遠足文化事業股份有限公司
法律顧問　華洋法律事務所　蘇文生律師
印　　製　成陽印刷股份有限公司
初版一刷　2017年1月
定　　價　320元

國家圖書館出版品預行編目資料

現在是挺身戰鬥的時候，未來才會是我們的：切.格瓦拉100則經典傳世語錄 / 別冊寶島編集部編；陸蕙貽譯. -- 初版. -- 新北市：奇光出版：遠足文化發行, 2017.01
面；　公分
逝世50周年紀念珍藏版
譯自：ゲバラ100の言葉
ISBN 978-986-93688-4-1 (平裝)
1.格瓦拉 (Guevara, Ernesto, 1928-1967)　2.格言

192.8　　105021978

線上讀者回函

目次

第1章 改變世界！改變自己！

第2章 對工作抱持熱情！

第3章　將人生燃燒殆盡！

第4章 在遊歷中生活

第5章 愛家人，信朋友

・文中可能出現照片與語錄的內容或時間不符的情形。
・書中刊載的語錄在未改變主旨的前提下，可能出現節錄或中略的情形。有西班牙原文可供參照者，有些採用既有的翻譯，有些則經過修改。

第1章

改變世界！改變自己！

che

che

格瓦拉語錄 01 — 革命家的天賦 —

在世上的某個角落，
當有人遭遇到不公不義時，
要能切身感受，
因為那是身為革命家最了不起的天賦。

切・格瓦拉的知名肖像照，攝影師阿貝托・科爾達（Alberto Korda）拍攝。

與盟友卡斯楚（Fidel Castro）一起推翻獨裁政權後，格瓦拉（Ernesto Guevara de la Serna）成了古巴革命的大功臣。革命後，他先後擔任了國家銀行總裁、工業部長等職務，努力推動古巴邁向現代化。但他對革命的熱情，讓他無法不正視這世上的不公不義。一九六五年，他卸下工業部長的職務，前往燃起殖民主義火種的剛果。從他離開古巴時送給孩子們的這段話，便可窺探出切・格瓦拉的人格特質。

che

格瓦拉語錄 02 —革命即熱情—

革命就是熱情，
就是人類為了追求光榮的社會
而進行的戰爭。
這些戰爭不可能盡善盡美，
我們的革命也是。

格瓦拉的革命哲學正如他在軍事理論著作《游擊戰》中所寫的：「游擊戰士必須是禁欲主義者。」他也以這般嚴格的紀律來要求自己與他人。因為他的道德使命感，讓他認為必須與受到體制壓迫的人民站在一起。為了改革舊體制並創造平等的嶄新世界，游擊戰士必須身處最前線奮戰。一旦了解「革命」就是為了改變世界，便得懷抱無比熱忱來抑制自己的因循守舊。

1959 年的切・格瓦拉。

che

格瓦拉語錄 03 —— 革命並非團結如磐石 ——

革命絕不是單純的運動。而是由內部的抗爭、野心與彼此間的缺乏理解為開端，再由人類去實際執行之事。

格瓦拉在剛果的營區讀書。 © Newscom / Aflo

經由革命或政變而建立的政權，時常刻意神化革命軍的強悍。這些對「歷史」的修正，與革命後的社會監控、過度的言論箝制相互牽連的例子，常見於施行社會主義革命的國家。

但，格瓦拉卻不同。在他所寫的游擊戰日記和之後的回憶錄中，透過對於夥伴間背叛等事的著墨，陳述了這些戰爭有多麼困難。他絕對不會將革命過度神聖化或權威化。

格瓦拉語錄 04 — 領導者的工作 —

在革命中，
領導者工作不但千頭萬緒，
而且充滿不安。

切・格瓦拉（左）與卡斯楚（右）。

這段文字出自格瓦拉寄給烏拉圭雜誌社社長的信中，該信之後還以〈古巴的社會主義與人民〉為題刊登全文。格瓦拉於文中分析了他在古巴革命的經驗，也加入他國發生戰爭時可引以為鑑的生聚教訓。他在其他地方也曾提到：「究竟能相信卡斯楚到什麼程度（中略），他究竟會不會實踐與人民的約定，我會一路緊盯到最後。」即使對同為革命領導者的盟友，他也一視同仁，以批判的精神相待。

格瓦拉語錄 05 — 勝利或死亡 —

從事革命，不是勝利，就是死亡。

1958 年 12 月，格瓦拉與攻占古巴的革命軍。 © Aflo

這句話經常在格瓦拉的演說或書信中被當作結語使用。一九五五年七到八月，卡斯楚與格瓦拉在墨西哥進行歷史性的會面。他們立刻意氣相投，聊個通宵，讓格瓦拉當下便決定加入革命軍。當天，卡斯楚問格瓦拉等人：「你們如果死了，該通知誰？」當時的格瓦拉首次意識到自己可能死於革命。根據當時的紀錄，他的回答是「母親」。

格瓦拉語錄 06

—日起有功—

革命雖由人類發起，
但個人仍須每日鍛鍊革命所需之精神。

在游擊戰中途參與廣播公司開播的格瓦拉。
Prensa Latina / CAMERA PRESS / AFLO

改變世界並非一蹴可及，需依靠每日的積累才能有所成就。格瓦拉在說這些話前，還曾寫到：「如果一個革命家認為自己只要將一切奉獻給革命，即使自己的孩子一無所有，連鞋都穿破了，家人窮困到連日用品都沒有，他也能毫不掛心，他便徹底感染上招致毀滅的細菌。」（出自〈古巴的社會主義與人民〉）。革命本身並非革命的目的。把人民從貧困中解放出來，才是必須達成的事。

che

格瓦拉語錄 07 —彈藥或藥品—

腳邊擺著塞滿藥品的背包和裝滿彈藥的箱子，兩個拿起來都太重，所以我只撿起那只裝滿彈藥的箱子。

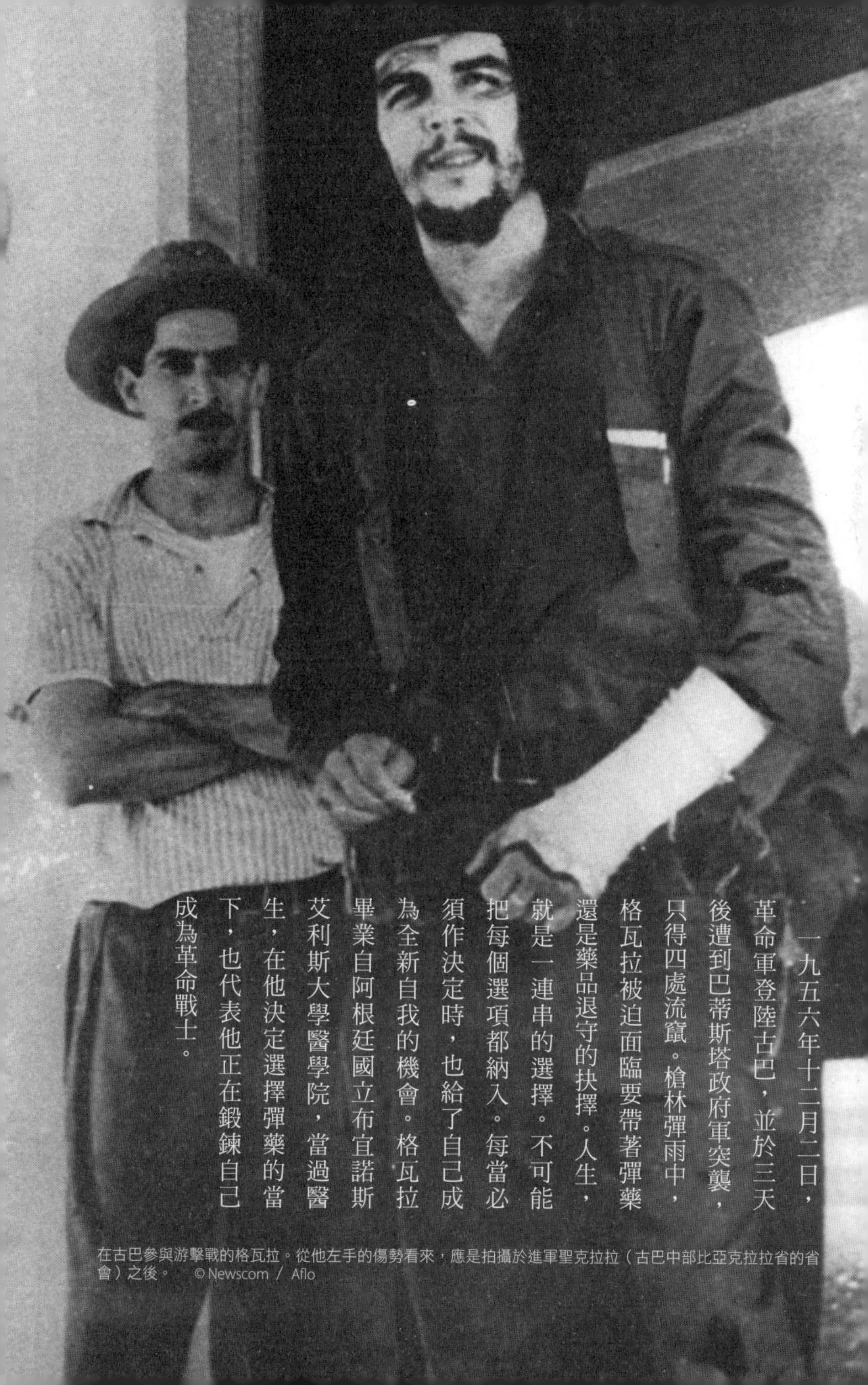

一九五六年十二月二日，革命軍登陸古巴，並於三天後遭到巴蒂斯塔政府軍突襲，只得四處流竄。槍林彈雨中，格瓦拉被迫面臨要帶著彈藥還是藥品退守的抉擇。人生，就是一連串的選擇。不可能把每個選項都納入。每當必須作決定時，也給了自己成為全新自我的機會。格瓦拉畢業自阿根廷國立布宜諾斯艾利斯大學醫學院，當過醫生，在他決定選擇彈藥的當下，也代表他正在鍛鍊自己成為革命戰士。

在古巴參與游擊戰的格瓦拉。從他左手的傷勢看來，應是拍攝於進軍聖克拉拉（古巴中部比亞克拉拉省的省會）之後。 ©Newscom / Aflo

che

格瓦拉語錄 08 — 以人民為首 —

我們的革命，仰仗的是古巴人民的意志。

1960 年，格瓦拉向群眾演說社會醫療的必要。　© AP / Aflo

革命絕無法僅靠一人達成。為了改變世界，需要許多志同道合的人。說得更深入一些，若無法獲得民眾的信賴，革命根本無法開展。

古巴會發生革命，起因於美國的資本家與大地主使得古巴民不聊生，讓被迫過著窮苦生活的農民成了革命軍的靠山。農民不但提供食物和情資給潛伏在山區打游擊戰的格瓦拉等人，有些人甚至親自加入革命軍的行列。解放古巴，成為民眾矢志達成的心願。

che

格瓦拉語錄 09 — 與人民站在一起的英雄 —

所謂的人民英雄，
不可遠離人民。
不應坐在高台上，
不應待在與人民生活隔絕的地方。

1961 年，格瓦拉抵達烏拉圭首都蒙特維地亞的卡拉斯科國際機場，隨即被記者包圍。
© AP / Aflo

古巴革命成功後，卡斯楚建立新政權，先後任命格瓦拉出任農業改革機構工業部長及國家銀行總裁，以推動古巴的農地改革、貿易談判與產業更新及現代化。

雖忙於千頭萬緒的工作，格瓦拉仍號召人民義務勞動，並以身作則到建築工地或古巴農業主力的甘蔗田裡揮汗工作。他並未坐上英雄的神壇，以掌權者之姿君臨天下。反而時常為了人民摒棄私欲，不厭其煩地勞動著。

che

格瓦拉語錄 10 ——對真實懷抱熱情——

引領我的，是對真實所懷抱的熱情。
我對所有的問題，
都是以此為出發點考量。

抽雪茄的格瓦拉。拍攝年代不明。　© akg-images / Aflo

格瓦拉從十幾歲開始就時常四處遊歷，在不同的土地上持續累積不同的想法。那時，他去過少數特權階級獨占美系企業經濟利益並壓榨人民的玻利維亞，也到過可緬懷南美大陸先人榮枯的祕魯古代遺跡。格瓦拉常自問，究竟什麼是真正的不公不義。這股無止盡的熱情，讓格瓦拉在青年時期就對帝國主義掠奪南美大陸人民利益的巨大不公不義，埋下徹底反抗的決心。

格瓦拉語錄 11 —為了光榮而犧牲—

為了獲得光榮，必須作出犧牲。

1958年12月，格瓦拉在古巴的游擊隊營區隨地躺臥。 © Everett Collection / Aflo

包括格瓦拉、卡斯楚在內的八十二位革命軍，搭乘「格拉瑪號」（Granma）前往古巴。這些革命軍曾在墨西哥接受參與西班牙內戰的老兵貝尤（Alberto Bayo）的訓練，但登陸與政府軍交戰後仍有許多人戰死。一個月後，格瓦拉與一度生離的卡斯楚重逢，但當時一起登陸的夥伴只剩十七人仍存活。即使置身這般絕望的處境，卡斯楚依舊鼓舞眾人「我們終將勝利」。

che

格瓦拉語錄 12 — 何謂和平 —

所有國家都必須和平共處。
一旦國與國之間相處不睦，
無論國家規模或歷史上的恩仇，
這些因素可能導致的問題
都應該先切割再來處理。

1961 年 8 月，格瓦拉前往烏拉圭參加美洲國家經濟暨社會理事會。
© AP ／ Aflo，Photo by Franco Mattioli

在南美洲，為了一小部分人的利益，無辜的人民血流成河。在非洲，則以殖民地獨立運動為名目，不斷激化宗主國之間，或說非洲東西部之間的對立。換言之，因為大國間的爭奪，小國的人民成了互相殘殺的祭品。所謂「和平」總是空有其表，隨著大國的要求不斷變更名目與內容。一九六四年，格瓦拉在聯合國演說中表示，小國不應被大國操弄，所有國家都應平等且和平共存。

che 格瓦拉語錄 13 —與過去訣別—

正在成形中的新社會，仍須與過去激烈奮戰。

1959年1月9日，革命後，格瓦拉與從阿根廷前來的雙親會面。

從自身的經驗中，格瓦拉學到何謂革命的真義。雖然年輕時便家道中落，但出身阿根廷上流家庭並就讀醫學院的格瓦拉，原本也跟大家一樣期望自己能出人頭地。但南美的旅程與古巴的革命，大大改變了他。他覺悟到，為了讓世上的不公不義——同為人類卻奴役並壓榨他人的行為成為過去，為了建立新的世界，他必須徹底與至今因襲的陳窠奮戰才行。

che

格瓦拉語錄 14 —貼近弱者—

必須將自己視為黑人或黑白混血兒，

把自己當作勞動者或農民。

格瓦拉的正義感遍及世上所有不公不義。他在南美大陸親眼見到因身分和職業而造成的貧富差距，也目睹了販賣奴隸的人種階級差異。格瓦拉當時所見的不平等狀況，直到他在古巴革命後以代表身分出訪時依舊絲毫沒有改善。格瓦拉認為，這些不公不義全都遭到剷除時，才是革命真正成功之日。為了達成這個目標，格瓦拉主張革命的實踐者必須時常與弱者同在，永遠站在弱勢的立場。

1958 年 11 月初，切瓦拉成功占領拉斯維利亞斯省（後改名「比亞克拉拉省」）的大城「福門托（Fomento）」（今隸屬「聖斯皮理圖斯省」）。　© AP / Aflo

格瓦拉語錄 15 — 贏得未來 —

正因為現在是挺身戰鬥的時候，未來才會是我們的！

1961 年，格瓦拉在烏拉圭舉行的美洲國家經濟暨社會理事會上發言。
© AP / Aflo

格瓦拉認為，為了建立平等的社會，培育「新人類」是很重要的一環。在人類支配的「舊人類」世界中，人與人之間常相互要求回報。為了滿足自身對物質的欲望，甚至不惜殺害對方。但所謂的「新人類」，即使沒有那些物質上的報酬，也會考量到他人，並以利他為動機自發地勞動。唯有存在這些新人類的世界，才有可能達到公平正義、人人平等的社會。格瓦拉衷心相信這樣的世界終將來臨。

che

格瓦拉語錄16一游擊戰一

游擊戰，
是全民對抗獨裁者的戰爭。

1958 年，格瓦拉（右）與卡斯楚的胞弟勞爾・卡斯楚（Raúl Castro，左）。
© AP / Aflo

最初，起義討伐數萬名巴蒂斯塔政府軍的革命軍，僅有八十二人。他們躲藏在山區，不斷發動小規模但成效卓著的游擊戰。格瓦拉強調，這種僅有數人也能進行的抗爭方式，對處於下風者而言是相當有效的兵法。此外，格瓦拉非常重視游擊隊的軍紀，禁止他們收取民眾的食物。格瓦拉主張的游擊戰，相較於以往無差別、屠殺式的空襲或恐怖攻擊，可說大相逕庭。

che

格瓦拉語錄 17 — 與歷史同在 —

我們正朝著歷史前去。
無需害怕！
只要今後持續抱持與今日相同的
熱忱與信念即可。

1959 年 1 月 8 日，格瓦拉和進入哈瓦那的卡斯楚一起慶祝革命成功。

革命，是種開創嶄新歷史的行為。格瓦拉曾說，為了從人類相互壓榨的歷史中走出來，從以古巴為首的南北大陸推進到全世界，我們必須抱持建設不再有人被奴役的世界為己志。他的盟友卡斯楚當初曾因為推動抵制運動失敗而遭判刑。當時，卡斯楚也曾自述：「歷史將會證明我所主張的正義。」這些革命家們對創造「未來的歷史」所抱持的決心與熱情，的確非比尋常。

che

格瓦拉語錄18——歷史事實——

歷史事實應獲得重視。
即使隨意對歷史塗脂抹粉，
依舊無法令人信服。

1959年6月20日，格瓦拉參訪埃及亞歷山大港。

為了強調自己國家的正當性，為政者時常濫用權力去修正或竄改歷史。史達林政權下的蘇聯箝制言論，便是一個例子。對於這種不肯面對真實的態度，格瓦拉大加撻伐。年輕的格瓦拉在南美旅行時，見識到南美原住民的古代遺跡，侵略與統治的歷史，歷歷在目於古老的遺跡上。之後，格瓦拉只要到外地旅行，都會花心力學習當地歷史。為了創造新的歷史，我們必須從過去的歷史汲取教訓。

che

格瓦拉語錄 19 — 美國的壓榨 —

針對當前尚未達成和平共識的現況，
美國提出了代價高昂的條件。
但是，為了維護尊嚴，
我們已無法繼續唯命是從。
妥協，到此為止。

1964 年 12 月，格瓦拉出席聯合國大會。　© AP / Aflo

古巴革命發生時，南美洲各國的經濟基礎多被美國資本獨占，由於簽署了不平等的關稅條約等緣故，讓各國財政持續困窘。僅有某些特權人士生活富裕，大部分人民皆饑饉難耐。玻利維亞、瓜地馬拉等國因想將美國資本逐出國內而發生武裝政變，但因為美國中央情報局ＣＩＡ的介入，政變很快便遭鎮壓，革命政權也隨之瓦解。直到古巴革命，在美國掌控下的南美，才首度嘗到勝利的果實。

格瓦拉語錄 20 —古巴人民—

當人民起身反抗野蠻的武力與不公不義，最後將得到的，便是「勝利」。

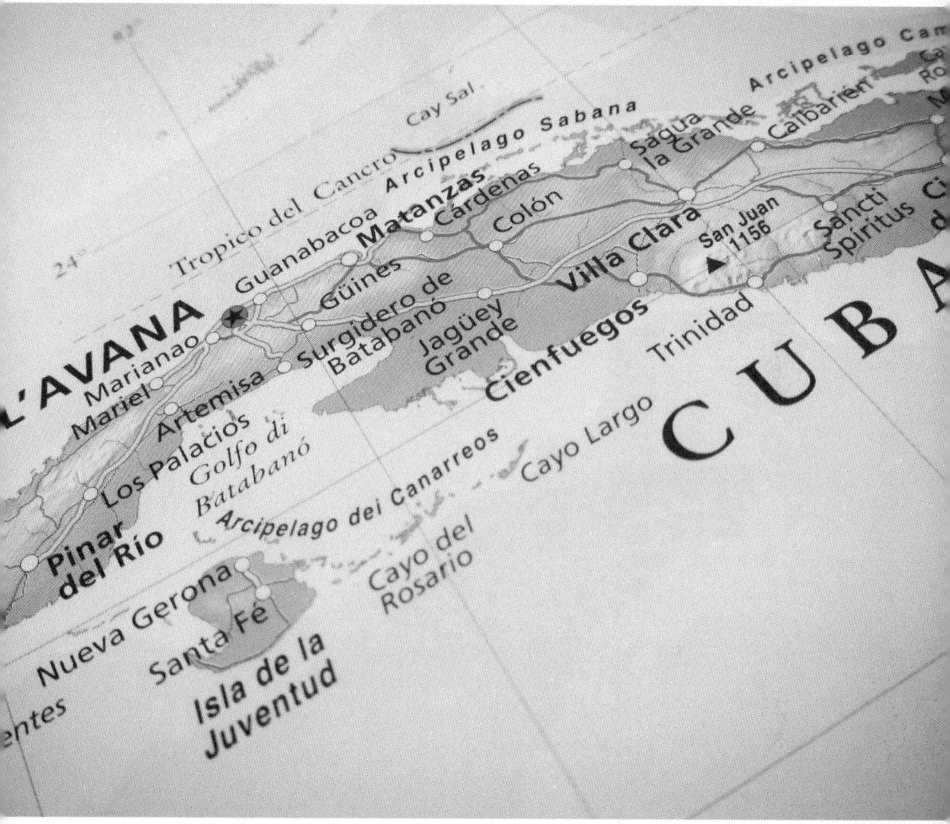

© Tonello Photography

　當革命軍於各地襲擊政府軍的據點時，古巴人民也對這些進攻感到欣喜，並大力支持。在戰略位置重要的聖克拉拉市發動巷戰時，僅三百名的革命軍與擁有裝甲車等武器的三千名政府軍對峙著，但格瓦拉在廣播中向市民尋求協助的方式奏效，使得聖克拉拉市的市民也群起對抗政府軍。經過三天三夜的激戰後，革命軍終於獲勝。這場勝利，可說是與人民一起奮鬥得來的成果。

che 格瓦拉語錄 21 — 英雄的猶豫 —

我至今仍相信，我腦海中所描繪的世界，
最終將獲得勝利。
但在這場大戲中，
我究竟是舞台上的演員，還是一旁的觀眾，
並不是我自己能決定的。

十幾歲時的青少年格瓦拉。　© Rex Features / Aflo

　第二次前往南美旅行時，格瓦拉順道前往瓜地馬拉。在那裡，他親眼見到反美政權因為CIA的介入而垮台。格瓦拉開始與來自古巴的流亡者交流，加上後來與來自祕魯的流亡者、民運人士，同時也是他第一任妻子的伊爾達．加德亞（Hilda Gadea）相遇，讓年輕的格瓦拉開始看清自己的未來。當格瓦拉發現因為與反美派的交流讓他被列入暗殺名單後，他便逃往墨西哥。一九五五年，從格瓦拉在墨西哥市寫給故鄉母親的信中，可見他當時心情忐忑不安。

che

格瓦拉語錄 22 —中斷旅程—

為了履行自己的義務，四處遊歷的騎士必須脫下披風，拿起隨手可及的武器，毅然投入戰爭。

1958 年，馬背上的格瓦拉。 © www.bridgemanart.com/amanaimages

格瓦拉從瓜地馬拉來到墨西哥，靠在照相館當攝影師及販售書籍等工作維生。生活清苦，卻與在瓜地馬拉認識的古巴流亡者尼克・羅培茲再次重逢。透過尼克，格瓦拉認識了勞爾・卡斯楚，而後又認識勞爾的兄長菲德爾・卡斯楚。此後，格瓦拉長期四處遊歷的時代就此告終，他下定決心投身革命。那時的格瓦拉年僅二十七歲。這位年輕人決定成為戰士。從他寫給嬸嬸貝翠絲的信中便可窺見他當時的決心。

che

格瓦拉語錄 23 — 成為革命家 —

如今，是必須做出重大決定的時候。
這場戰爭的種子，
給予我們在人類發展的最好階段
成為革命家的機會。
此外，也給予我們脫離士兵身分的機會。

1958 年，格瓦拉（中）與卡斯楚（右）在古巴東南的馬埃斯特臘山。
© GAMMA / Aflo

完成古巴革命後，格瓦拉全力支持建立新體制，卻仍持續找尋發動革命的舞台。因此，他先前往非洲，而後再度踏上南美大陸。最終，他落腳在玻利維亞，並建立了新的游擊隊。從他跟玻利維亞士兵說的這段話，表露出他在艱苦撐過革命戰爭後獲得的經驗與自信。在日以繼夜的戰爭中，參戰者能將自己鍛鍊成可與巨大權力對抗的勇士。透過不斷的努力，格瓦拉也將體弱多病的自己磨練成堂堂革命戰士。

格瓦拉語錄 24 —與他人一起—

將「我」這個概念，
完全變為「我們」。

1959 年 5 月 5 日，格瓦拉（中）與卡斯楚（最左側）在哈瓦那參加五一勞動節遊行。

格瓦拉等人在墨西哥進行祕密軍事訓練的消息被巴蒂斯塔知曉後，巴蒂斯塔透過墨西哥警察逮捕並拘留了十七名革命軍。格瓦拉平時便經常對卡斯楚說：「不能因為我這一介非法居留的阿根廷人而延誤革命的時辰。」事實上，其他成員獲釋後，格瓦拉依舊被拘禁。卡斯楚跟格瓦拉說：「我絕對不會丟下你。」從格瓦拉寫給母親塞莉亞信中的這段文字，可見格瓦拉和卡斯楚兩人堅固的友情。

格瓦拉語錄 25 —對不公不義的憤怒—

當這世上發生不公不義時，
若你會因此感到震怒，
我們便是同志，
這比什麼都重要。

這段話，出自一九六四年二月二十日格瓦拉寄往摩洛哥卡薩布蘭卡，對他收到的短信所做的回覆。當地有位女性瑪莉亞・羅薩里歐・格瓦拉寫信詢問格瓦拉他們是否為親戚。格瓦拉在回信中寫道：「老實說，我並不清楚我的家族來自西班牙哪個地區。（中略）雖然與妳似乎沒什麼親戚關係……」格瓦拉先否定了對方的提問，但隨後便寫上這段語錄。有無親屬關係，並無法用來區分你我。會否對不公不義感到憤怒，才是真正區分眾人的關鍵。

格瓦拉（右）與卡斯楚（左）。

che

格瓦拉語錄 26 — 追求真相 —

那天的真相，並非永遠的真相。

抽雪茄的格瓦拉（拍攝時間不明）。　© Presna Latina / CAMERA PRESS / AFLO

與格瓦拉親近的人在多年後回想時表示，這句話，格瓦拉平常就當口頭禪說。這句話意謂著，對於僅能表徵一時的事實，必須時時戒慎恐懼。因此，格瓦拉認真仔細地將自己的行動記錄在日記上，並將想法坦承寫在給家人或朋友的信中。格瓦拉留下很多被拍攝的照片，但他本人也是攝影愛好者。像是被不得不的使命感驅使著，讓他將這些會隨時間推移的道理與價值留了下來。

格瓦拉語錄27 —二十一世紀的人類—

前方的路途如此遙遠，
完全無法預料將發生什麼，
讓我們更加清楚自己的極限。
我們將創造出二十一世紀的人類。
我們，便是二十一世紀的人類。

格瓦拉與法國哲學家沙特（中）及其伴侶西蒙波娃（左）會談。

存在主義先驅，同時也涉足政治圈的法國哲學家沙特（Jean-Paul Sartre）與伴侶西蒙波娃（Simone de Beauvoir），曾一起拜會格瓦拉。那年是古巴革命成功的隔年，也就是一九六〇年。當時，沙特與格瓦拉進行會談。沙特被格瓦拉充滿熱情的特質所感染，忍不住稱格瓦拉為「二十世紀的完人」。但當時的格瓦拉卻希望能成為符合自己「新人類」思想中，即將來臨、沒有不公不義、人人平等的二十一世紀人類。

帝國主義似乎打算以守護我們人民度過許多災厄的「那件事」來豢養我們。而那件事，就是民族的文化。

1959 年，格瓦拉在巡訪亞、非各國中抵達印度德里。

一九六一年八月，烏拉圭埃司特角城舉行美洲國家經濟暨社會理事會，格瓦拉以古巴代表的身分與會。會議上，美國總統甘迺迪以「爭取進步同盟」為名義，答應將在十年間挹注拉丁美洲各國兩百億美金，藉以防堵社會主義陣營向外擴張。這段話，即出自格瓦拉在會議上批判帝國主義的演說。事實上，美國當時正打算挾經濟實力席捲全世界。

che

格瓦拉語錄 29 — 社會主義 —

對我們而言，
社會主義真正的定義，
就是消弭所有對人的壓榨。

參與義務勞動的格瓦拉。（拍攝時間不明）

古巴革命為當時許多飽受殖民控制的國家帶來成功獨立的希望。

一九六五年，第二屆亞非人民團結組織會議於三年前剛脫離法國獨立的阿爾及利亞召開，格瓦拉代表快速建立革命政權的古巴與會並發表演說。會議上，格瓦拉宣告，包含受帝國主義和殖民主義壓迫的亞非大陸在內，能使所有對人的壓榨完全消弭的社會主義，才是真正的社會主義。

格瓦拉語錄 30 —以規則為名的牢籠—

遵守遊戲規則的人可以沐浴榮光——
就像猿猴學會雜耍就能獲得讚美一樣。
他們從來都沒想過，
自己其實有能力掙脫看不見的牢籠。

格瓦拉否定的美式資本主義社會，將社會推向分工，並將社會中生存的份子編納進所謂的福特主義[1]勞動體系裡。在那樣的社會，人們無法因勞動而喜悅，只能成為一個個毫無特色的個體。在那樣的世界，即使為了獲得他人認可而鞠躬盡瘁地工作，也不會被認為有違人性。

格瓦拉愛好詩與小說，行軍空檔總是手不釋卷，有時會展露戲謔與幽默的一面，留下許多妙語如珠的評論。

1譯註：福特主義，一套基於工業化和標準化大量生產和大量消費的經濟和社會體系。

休息中的格瓦拉。（拍攝時間不明）

che

格瓦拉語錄 31 — 反核 —

期望古巴的下個世代能迎接更好的未來，但那樣的勝利，不需要依靠核子彈造成的破壞與數百萬人的性命換來。

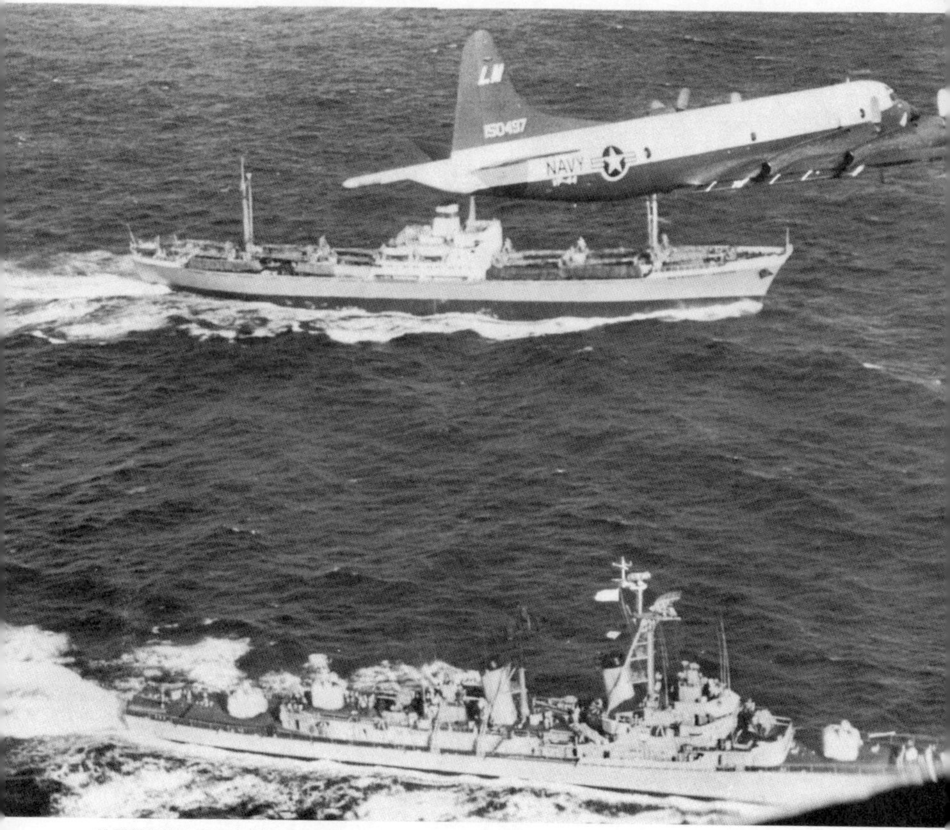
美國驅逐艦和海軍偵查機在波多黎各的近海上追逐蘇聯貨船。
© 共同通訊社

古巴革命後，美國開始對古巴施行經濟封鎖。面對這樣的局勢，卡斯楚轉而加強與蘇聯合作，讓古巴從此牽扯進東西方的冷戰中。一九六二年，終於爆發蘇聯於古巴裝設核飛彈的古巴飛彈危機。在此前一年，格瓦拉在埃司特角城的演說便透露了他對核武的想法。格瓦拉認為，絕不可依靠核武來尋求秩序。據說格瓦拉赴日本時，曾殷切表達欲前往廣島慰問的意願。

che

格瓦拉語錄 32 — 反殖民主義 —

為了讓他們理解，無論是美洲或別人的家，都不可胡亂侵入，我們必須戰鬥。

1964 年 12 月，格瓦拉在紐約接受 CBS 電視台採訪。
© AP / Aflo

格瓦拉和卡斯楚都致力推動各種改革，包括將農地從跟美國資本有關的大地主手上釋出等。在中南美洲失去大量利益的美國，因此立刻發動「殖民主義」式的制裁。甘迺迪總統便將因革命軍追逼而逃亡的古巴流亡者組織成一千五百人的傭兵團，接著派其進攻古巴南部海岸的豬羅灣，並假裝美國並未介入，一切都是古巴內部的紛亂。革命軍政府察覺後，立刻採取對策。一九六一年四月二十日，豬羅灣事件在發生三天後便成功鎮壓。

che

格瓦拉語錄 33 — 革命家的愛 —

可能聽來太天真，但我想這麼說。真正的革命家是被偉大的愛引導著。沒有愛的革命家，我完全無法想像。

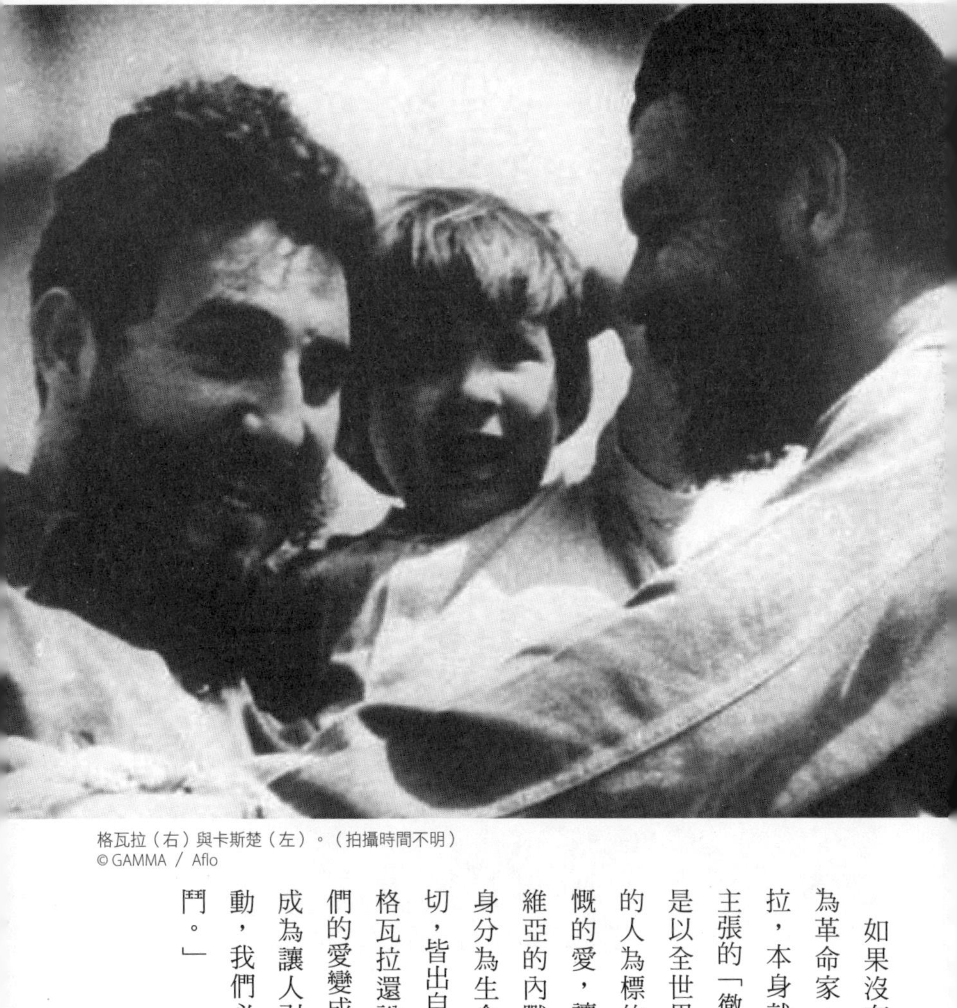

格瓦拉（右）與卡斯楚（左）。（拍攝時間不明）

如果沒有大愛，人無法成為革命家。如此論述的格瓦拉，本身就是個好例子。他主張的「徹底的理想主義」，是以全世界被倒行逆施所苦的人為標的。懷抱對他人慷慨的愛，讓格瓦拉投入玻利維亞的內戰，並以革命家的身分為生命畫上句點。這一切，皆出自他對眾人的大愛。格瓦拉還說：「為了把對人們的愛變成令人感動的力量，成為讓人引為典範的實際行動，我們必須日夜不懈地奮鬥。」

格瓦拉訪問巴西時參訪足球隊。

第2章

對工作抱持熱情！

che

格瓦拉語錄 34 — 偉大的工作 —

從事偉大的工作，最重要的便是熱情。
革命需要的，就是大量的熱情與膽識。

格瓦拉（右）與戰友西恩富戈斯（Camilo Cienfuegos，左）。
© PR / LAT / Camera Press / Aflo

如果說卡斯楚是現實主義派的政治家，那麼格瓦拉終其一生都是懷抱熱情追求理想的革命家。從一介醫生轉為革命家後，他每日的行為舉止，都成為爾後連結偉大理想的「點」。這段話出自格瓦拉寫給母親的信中。而在這段話之前，他還寫道：「所謂的『節制』幾乎都是以『利己主義』為出發點，若認為可藉此創作出偉大的發明或藝術品，便是大錯特錯。」比起眼前的成功，當革命家能以更偉大的理想為目標時，才能成為真正的革命家。

che

格瓦拉語錄 35 ─ 一天工作十八小時 ─

我每天勞動十六到十八個小時，盡量維持六小時的睡眠。但實際上，很難真正擁有這麼多的睡眠時間。

1960 年，格瓦拉固定上哈瓦那的電視節目。
©AP / Aflo

與格瓦拉共事的同事、祕書或部下，全都異口同聲說格瓦拉是個勤奮的人。即使以游擊戰士的身分打仗，或以工業部長的角色四處奔走，他也堅持閱讀和寫日記的習慣。他非常珍惜時間，即便工作結束返家，書房的燈直到凌晨三點都還亮著。嚴以律己的格瓦拉，希望自己能成為他人的典範。他以前的親信表示，格瓦拉的作為像是在不斷鼓勵他：「如果連我都辦得到，你一定也可以。」

che

格瓦拉語錄 36 — 製造 —

無論從事革命遭逢多少困境，
製造工序都不可敷衍了事。
請做出更好、更美的成品。
萬萬不可偷工減料做出醜陋的不良品。

視察工廠的格瓦拉。
© Sygma / Corbis / amanaimages，Photo by Alain Nogues

在古巴革命以前，根據一九五三年的古巴國力調查，57%的古巴人口居住在都市，但建設完成的自來水設施卻連一半都不到。而農村人民則大多住在破舊的屋子，且嚴重營養不良。無法接受完整教育的古巴勞動者，陸續出現無故曠職、放棄工作等情形，讓生產管理幾乎無法正常運作。格瓦拉認為，讓古巴邁向現代化是當務之急，因此接任工業部長後便努力進行徹底改革。這段話語則出自格瓦拉在工廠所發表的演說。

che

格瓦拉語錄 37 — 理想主義 —

即使人們覺得我們異想天開，
覺得我們是難以撼動的理想主義者，
覺得我們只會發下豪語。
無論多少次我都會這麼回答：
「是啊，我們就是如此。」

1964年12月，格瓦拉在聯合國大會發表演說。
©Bettmann / Corbis / amanaimages

格瓦拉充滿熱情與信念，不認為自己主張的革命只是空中樓閣。在他眼中，生活在拉丁美洲、非洲與亞洲的窮苦人民必須面對的艱困現實，就是驅使他不斷踏上革命一途的動機。

古巴革命後，格瓦拉的盟友卡斯楚相信，與其留在古巴，從整個拉丁美洲到全世界，格瓦拉終有一天能透過革命改善這些不公不義與貧富差距的問題。而格瓦拉日後也的確投身剛果和玻利維亞的革命運動。

che

格瓦拉語錄 38 — 弄清什麼才是不可或缺 —

鞋子是很重要的東西。
如果沒穿鞋，就沒辦法行軍。
擁有一雙鞋子的人，
就擁有能順遂延年的保證。

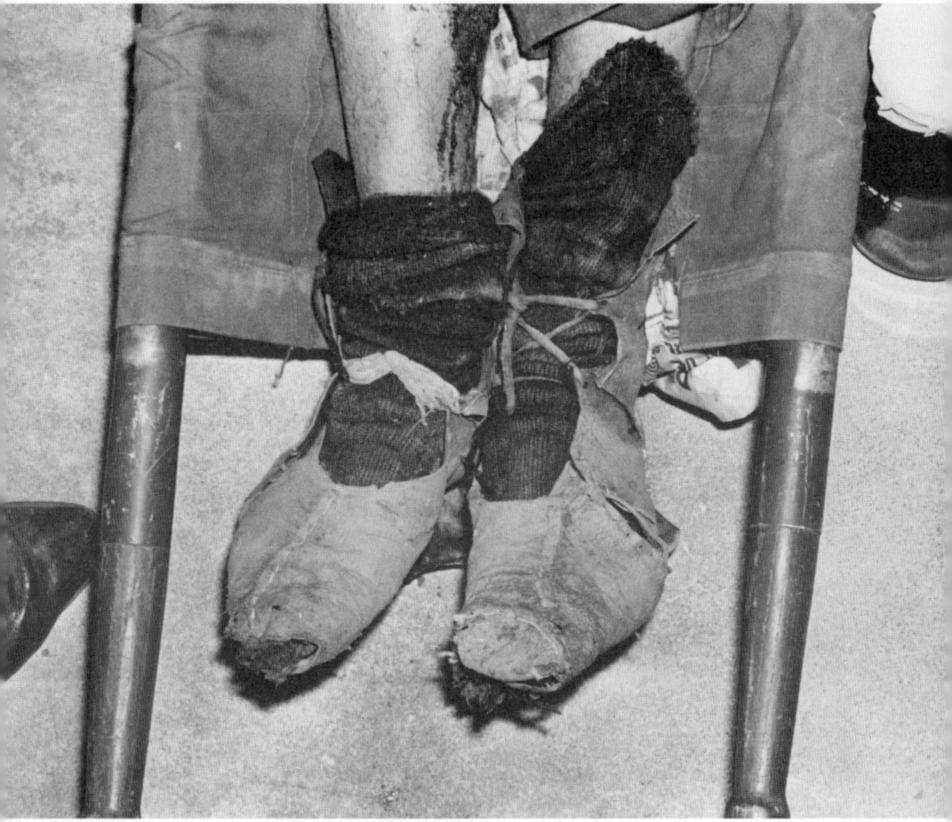

1967 年，在玻利維亞遭槍決的格瓦拉腳上的鞋子。

格瓦拉將在古巴的游擊戰經驗寫成《游擊戰》一書。在書中，他詳細記載了游擊戰的作戰方式、打游擊戰的心得與戰略等。他甚至從游擊戰的經驗中學到，比起擁有強大的武器，擁有一雙備用的鞋子對生存與否影響更大。潛伏在草木叢生、岩石遍地的山岳地帶打游擊戰時，鞋子才是真正不可或缺的東西。能在現場、當下立刻弄清楚什麼才是最不可或缺的，格瓦拉的冷靜分析能力由此可見一斑。

格瓦拉語錄 39 —人民的信賴—

如果努力將人民的事放在第一位，人民一定會回報他們對你的信任。

1960 年代初期，格瓦拉與勞工一起工作。

一般而言，第三世界國家發生的革命或政變，多半是由想樹立傀儡政權的宗主國或想實行獨裁政權的特權階級所操弄。但由卡斯楚和格瓦拉領導的古巴革命卻大相逕庭，他們以幫助並解放貧窮的古巴人民為目標，以獲得人民支持為第一要務。古巴革命前，巴蒂斯塔獨裁政權下的古巴，失業人口高達七十萬人，即使有工作的人，每年真正有工作可做的時間也僅有短短四個月。

格瓦拉語錄40 —上位者—

所謂的領導者，
必須引導對方追趕到自己所在的位置。
不僅在言語上需鏗鏘有力，
還得把走在後頭的人用力往前推，
好讓他們能提升至與自己相同的程度。

格瓦拉（中）與卡斯楚（左）。
© GAMMA / Aflo

革命後，格瓦拉一如既往的勤奮（請參考P82），在新建立的政府裡，他擔任國家銀行總裁、農業改良機構工業處長、工業部長等職，希望能以自己的行動來確實指導後進。與帶領革命並以演說和政治手腕來掌握人心的卡斯楚不同，格瓦拉並非是個現實主義者。他只是一路率真憨直地貫徹自己的信念，並為自己的理想不斷努力著。他這種表裡如一的人格特質，反而讓許多人願意追隨他。

che

格瓦拉語錄 41 — 身為人民 —

我從不覺得自己是經濟學者。
不如說，我只是古巴政府的一份子，
我就是古巴人民的一份子。

1960 年代初期的格瓦拉。

一九五九年十一月二十六日，格瓦拉就任國家銀行總裁。包含卡斯楚在內的革命家們，雖然都是身經百戰的沙場老將，但對於行政事務幾乎都是門外漢。雖然格瓦拉也是如此，但他非常勤奮地學習。當時，他心心念念的都是支持革命的古巴人民。

格瓦拉發行了新的鈔票。與獨裁政權時代完全不同，格瓦拉將歷代古巴愛國革命家肖像印製在新紙鈔上，並在簽名時毫無架子地簽上「切」。

格瓦拉語錄 42 — 自主勞動 —

自主勞動是團結我們這些勞動同志，且讓我們相互理解的方式。

對於自己提出的「新人類」思想，格瓦拉一直帶頭實踐著。平日忙碌的空檔或週末，他總會主動投身義務勞動，到建築工地、工廠或甘蔗田與勞工們一起揮汗工作，即使當時他是扛著工業部長官銜的堂堂政府首長。對他來說，勞動從來不是種處罰或讓人痛苦的事。勞動應該值得開心，絕不是用來苛刻人類的事。勞動不該出於強迫，而是為了自己、為了他人而自動自發開開心心做的事。

1961 年，格瓦拉與烏拉圭的建築工人親切交談。
© AP ／ Aflo

che

格瓦拉語錄 43 — 人民的想法 —

為了傳遞人民的想法，
必須把自己當作人民的一份子。
對於人民所需要的、要求的、感受到的，
我們都要一一知曉。

1961 年 8 月，格瓦拉出席烏拉圭舉行的美洲國家經濟暨社會理事會時喝著可樂。
© AP / Aflo

巴蒂斯塔政權垮台後，獨裁時代累積的問題，在古巴如膿包般一一浮現。都市約有30%、鄉村約有60%的兒童未就學，識字率很低。即使就學，能讀完小學六年課程的學生也不到七成。由於無法接受完整教育，導致人民無法完善表達自己的想法，因此建設學校可說是當務之急。為了讓古巴能從近代的獨立國家轉變為堂堂大國，教育普及全國是刻不容緩的要務。

che

格瓦拉語錄44 — 能做就動手去做 —

開車，誰都能做。
拿起柴刀，跟他人一起工作吧。
如果不喜歡，就給我立刻回去。
大不了……
到時我自己開車回去。

格瓦拉在採收甘蔗時接受採訪。
© AP / Aflo

從這段話，我們可以清楚認識格瓦拉對於勞動的道德觀。當他在甘蔗田從事義務勞動時，開卡車的司機不願意加入他們的行列。格瓦拉問他：「你的柴刀怎麼了？」駕駛回答：「我的工作不是採收甘蔗，而是司機。」格瓦拉便對他說出這段話。格瓦拉非常反對人類社會的分工制度。他認為，勞工在各自崗位上努力是理所當然的事，但相較之下，擁有為他人利益而奉獻的精神更為重要。

格瓦拉語錄 45 — 窮究原因 —

真正令人討厭的，是現實。
無論是經濟或政治上的現實，
面對現實後，讓人不禁退縮。
同志間只要提到經濟問題，
有些人總把問題推給乾旱或帝國主義……

批閱文件的格瓦拉。
© AP / Aflo

革命家大都將貧困的主因歸咎於「帝國主義」，因此不斷積累對帝國主義的仇恨，進而以打倒帝國主義為目標。但格瓦拉認為，即使「帝國主義」是導致貧窮的根源，但把所有問題都推給帝國主義這種不知窮究問題本質的行為，令他深惡痛絕。事實上，古巴的產業遲遲無法發展的主因，是因為大多數勞動者並未獲得足夠的教育。因此，他們需要花更多時間才能學好某項技能。

che

格瓦拉語錄 46 —— 達成目的的祕訣 ——

不斷攻擊，絕不讓對方有喘息的餘地。

1957 年，格瓦拉（左二）和卡斯楚（中）在馬埃斯特臘山。
© Aflo

格瓦拉論述游擊戰心得的《游擊戰》一書，堪稱是「二十世紀的《孫子兵法》」，書中蘊含能幫你解決問題、達成目標的諸多啟示。中國春秋戰國時代的兵法集大成之作《孫子兵法》，至今仍被讀者視為「商業聖經」，而格瓦拉的《游擊戰》也有異曲同工之妙。格瓦拉認為，一旦發現攻擊的機會，就不能給對方喘息的機會，得設法發動奇襲以致勝。即使處在不利己方的情況下，也不可錯過一絲機會，務必一氣呵成直到達成目標。格瓦拉教授的觀念，也適用於現代商業經營。

che

格瓦拉語錄 47 —— 身為勞動者 ——

因為這是勞動者所面臨的困境。我是阿根廷人，是古巴人，也是玻利維亞人。對你來說，應該很難理解吧。

1964 年，格瓦拉在美國購買給孩子的聖誕卡片。
© AP / Aflo，Photo by John Lindsay

格瓦拉離開古巴，轉至玻利維亞投入新的革命運動，卻在一九六七年十月，在拉伊格拉村（La Higuera）遭到政府軍攻擊而被逮捕。在那裡，也是古巴流亡者的ＣＩＡ探員羅德里格茲（Félix Rodríguez）問他：「你又不是玻利維亞人，為什麼要這麼做？」格瓦拉便回答他這段話。他曾發誓，為了受到不公不義對待的勞動者，他將持續奮戰到世上所有人民都獲得解放的那一天。

che

格瓦拉語錄48——「人類」這件商品——

每天有八小時或更多的時間，
人類是以商品的形式來發揮自己的功能。
換句話說，以這種比喻而言，
所謂的「個人」，事實上已經死亡。

1963 年，格瓦拉上電視發表評論。

在資本主義下，勞動者擁有的生產方式都被資本家所掠奪。勞動者將自己的工時當作商品賣給資本家，以換取對價的報酬。換句話說，當勞動者參與勞動時，他們生產的物品並非為了自己。他們只是將「勞動」這種服務當作商品，並受雇於雇主而已。對於這種拉開勞動與人類關係的狀態，格瓦拉深惡痛絕。因為他總是認為，勞動應該充滿創造力，也充滿愛。

格瓦拉語錄 49 — 資本主義的奴隸 —

資本主義的法則掩蓋了真相，
讓一般人無法看清。

印有格瓦拉肖像的古巴三披索紙鈔。
© BasPhoto

所謂的「美國夢」總是極力宣揚勞動階級儲蓄致富，並順利登上富裕階級等成功論述。這樣的價值觀猶如將成功完全歸功於自己的創意與努力，讓人陷入空泛的錯覺中，進而侵蝕個人的心智。事實上，這些成功的背後不但包含許多被剝削的人們，也讓他們的苦痛被視若無睹。在格瓦拉提出的警語中，他時常提醒世界，應該正視在經濟發展背後存在著窮苦人民的真相。

che

格瓦拉語錄 50 —— 為改變而作的努力 ——

就像經濟不會自動產生改變一般，
意識上的變化也不會自動發生。

從〈古巴的社會主義與人民〉中可見，為了搞清楚該如何讓理應到來的平等社會成真，格瓦拉從許多不同的想法出發進行考察。我們可以從他的文字窺見，那條道路有多麼困難，需要付出多少努力，持續不懈。革命，絕不是一蹴可幾的，必須日夜不斷努力，才有可能成功。在這段話後，格瓦拉還說道：「即使改變的速度很慢，但情況不會一直這樣的。有時立竿見影，有時慢如牛步，有時甚至不進反退。」

1965 年 11 月，格瓦拉乘船行駛在剛果的坦干依喀湖。
© AFP ＝時事通信

che

格瓦拉語錄 51 — 從失敗中學習 —

我們可能還會在其他地方
犯下類似的錯誤。
我的責任很沉重。
我絕不會忘記這次的挫敗，
也不會忘記這最寶貴的教訓。

1965 年 11 月，格瓦拉在剛果刮鬍子。　© AFP ＝時事通信

一九六五年，格瓦拉前往非洲等國進行外交參訪回國後，便失蹤了。因為他決定將非洲當成他下一個進行革命的據點，因此對長久疏於戰鬥的身體進行嚴格的軍事訓練。同年七月，他便前往因為舊宗主國比利時與蘇聯等國的介入而內戰不斷的剛果。

在剛果與當地的革命軍會合後，格瓦拉擔起指揮大權，但在語言和生活習慣都不同的剛果，他無法有效統御當地的游擊隊，也無法提升戰士的士氣。陷入憔悴落寞的格瓦拉，終於在一年後重返古巴。

che

格瓦拉語錄 52 — 關於成長 —

如果希望能成長，
最好的方式就是在選擇的
職業中克服遇到的苦難。

1964 年的格瓦拉（中）和勞爾・卡斯楚（右）。
© AP / Aflo

古巴革命後，格瓦拉收到許多信件。在工作的空檔，他會抓緊時間一封封回覆。這裡的話語，出自一封格瓦拉對希望能採訪他的信件所做的回覆。從這段話中，不難窺見格瓦拉對「工作」所抱持的價值觀。另一方面，格瓦拉還在回信中說道：「我的信件，都是關於我的想法的公開紀錄。無論過去或現在，我從不遲疑地寫下自己的想法。因為我的想法從不前後矛盾，也不曾模稜兩可。」

che

格瓦拉語錄 53 一為了年輕人一

該下台的時候不下台，
便不算功德圓滿。

1964 年的格瓦拉。　©AP / Aflo

一九六二年十月二十日，格瓦拉在哈瓦那大學向年輕人演講他對古巴未來的願景。格瓦拉向這些需肩負起二十一世紀的年輕人，傾訴自己所描繪的世界，希望他們能成為自願為他人奉獻的「新人類」。此外，他也提到自己身為二十世紀人類該退場的時機。他認為，等到他這個世代的人都退場了，他們的工作才真正完成。之後，格瓦拉更藉以下的話語將未來託付給這些年輕人：「讓自己成為能承接我們的一國之民，也是你們的義務。」

開心打棒球的格瓦拉（左）。　© Bettmann / Corbis / amanaimages

第3章

將人生燃燒殆盡！

che

格瓦拉語錄 54 — 虛榮心 —

包含我在內，任誰都會藏著些許虛榮心。當時，我甚至覺得自己是全世界最驕傲的男人。

1948 年，學生時期的格瓦拉。
© www.bridgemanart.com / amanaimages

一九六三年，格瓦拉出版《古巴革命戰爭的回憶》一書。在他手下工作的岡薩洛曾說：「當格瓦拉決定寫關於自己的事，總是提醒自己要正確陳述事實。」（載自三好徹的著作《格瓦拉傳增修版》，文春文庫發行）這段話就是格瓦拉在回憶錄裡，坦率吐露自己內心的感受。以革命軍之姿來到古巴時，格瓦拉年僅二十八歲。如果說他當時沒有抱持一絲英雄主義與野心，就太矯情了。關於這一點，格瓦拉完全不造作隱瞞，反而讓他的性格更充滿魅力。

che

格瓦拉語錄55 — 凝視自己的缺點 —

每個人都有自己的缺點，我的缺點眾人則一目瞭然，就是容易自相矛盾。

格瓦拉的側臉。© Picture Alliance / Aflo

這段話是格瓦拉在一九六四年所說。

過去，當年輕的格瓦拉與阿貝托．格拉納多（Alberto Granado）一起橫越南美大陸時，曾在日記中這麼寫道：「關於各種主義，我的確是個折衷派的偽善者。（中略）但即使這樣的我，可能也會因盛怒而拋開理性（中略），拿起能讓人血肉模糊的武器把被俘虜的敵人（中略）打倒在地吧。」格瓦拉的性格交織著冷靜和熱情，或許到晚年也仍無法完全自持吧。

che

格瓦拉語錄56一花花公子一

我不喝酒。
我會抽菸。
但如果不喜歡女人，
就別當男人了。

1959年6月，格瓦拉（中左）與阿萊伊達 · 馬奇（Aleida March，中右）在古巴哈瓦那聖卡洛斯要塞（Fortaleza de San Carlos de la Cabaña）舉行婚禮。 © AP / Aflo

格瓦拉抽著粗大的雪茄，時而露出銳利的眼神，時而露出少年般的微笑，對於媒體的採訪，一向據實以答。令人意外的是，他的酒量並不好，連紅酒都要兌水喝。格瓦拉一生結過兩次婚，身邊總圍繞著許多真真假假的流言蜚語。但格瓦拉在這段話後接著說道：「如果無法達成革命家的所有使命，就乾脆別當革命家了。」對格瓦拉來說，當個革命家比什麼都重要。

格瓦拉語錄 57 — 青澀歲月 —

任誰都有這樣的歲月，
我也曾以為自己會成功。
那時，滿腦子只期盼自己能功成名就。
跟大家一樣，
我也無法在當時的環境跳脫框架。

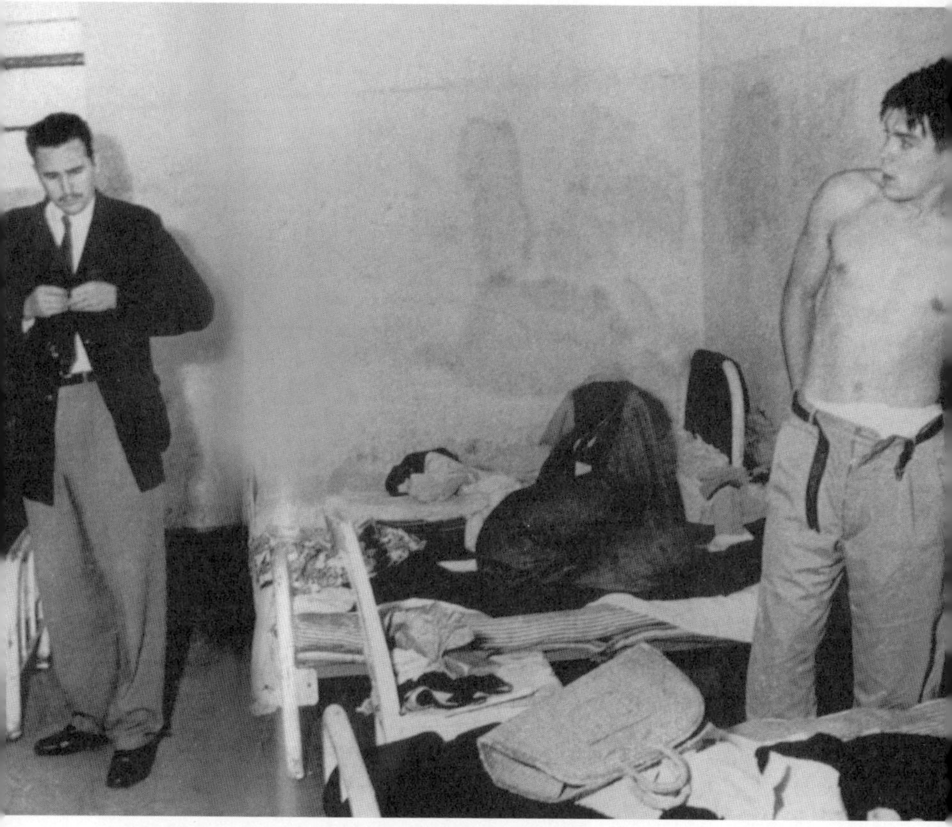

1956 年，格瓦拉（右）與 ・卡斯楚（左）在墨西哥遣返中心首度合照。

格瓦拉過著革命生活，回顧自己當初以醫學為職志，說出這段話。在利他與犧牲自我上，醫生的投注並不如革命家。格瓦拉苦於氣喘宿疾，對過敏研究很感興趣，甚至曾寫下想成為「知名研究者」的願望。之後，他與友人阿貝托・格拉納多騎著機車橫越南美大陸，實際觀察了南美各國的醫療現況。讓他知道，單憑一介醫師之力，並無法幫助更多需要救援的人。

che

格瓦拉語錄 58 — 不只是醫師 —

即使只是一顆沒什麼大不了的阿斯匹靈，
如果是從能視病如親、
苦人所苦的朋友手中接下，
對患者來說會有什麼不一樣的意涵呢？
當中的巨大差異，遠超過科學所能計量。

1958 年，格瓦拉在旅館一隅推敲占領聖塔克拉拉的計畫。

在藥品與彈藥之間，格瓦拉選擇了彈藥，但在持續打游擊戰的過程中，除了戰士，格瓦拉也以游擊隊醫師的身分積極參戰。雖然格瓦拉的氣喘很嚴重，但他靠著意志力一面與宿疾對抗，一面從軍打仗。卡斯楚下令，不只治療己方的同袍，敵方負傷的俘虜也要治療。格瓦拉雖然因為覺得此舉會浪費珍貴的藥品而反對，但這樣的處置卻讓革命軍獲得更高的評價。相較之下，政府軍對俘虜卻一律格殺勿論。究竟哪一方更有人性，更值得信任，答案一目瞭然。

格瓦拉語錄59—無處不家鄉—

因成長環境的庇蔭，
讓我的內心存在著阿根廷人的一面。
但同時，
我也覺得自己比誰都更像古巴人。

阿貝托 · 柯爾達（Alberto Korda）拍攝的格瓦拉肖像加工印在古巴國旗上。

身為古巴革命軍一員，出生於阿根廷的格瓦拉，時常因為出身而被問道：「為什麼參加古巴而非祖國的革命？」

革命戰士經常在書信或演說的尾聲說：「無祖國，毋寧死。」對格瓦拉而言，只要有無辜人民受不公不義之苦的地方，都是他的家鄉。他的這份一體感，不只適用於阿根廷或古巴，還包括世上所有國家與人民。

格瓦拉語錄 60 —— 把醫生的話當耳邊風 ——

別擔心醫生的事，
我會遵守醫囑的。
這不過就是一根菸啊。

抽著雪茄的格瓦拉。
© Everett Collection / Aflo

這段話出自格瓦拉的祕書安東尼歐（Antonio Núñez Jiménez）的回憶。

那天，祕書為了請示格瓦拉而到他跟前，他正抽著哈瓦那的菸農送給他的雪茄。

當時，格瓦拉臉上浮現孩童般調皮的笑容，說出這段話為自己抽菸的行為開脫。

格瓦拉抽的可是有三十公分長的特製雪茄呢。

che

格瓦拉語錄 61

—紅色基督—

我不是基督，
也不是慈善家。
比起被釘在十字架上，
我更想戰勝我的敵人。

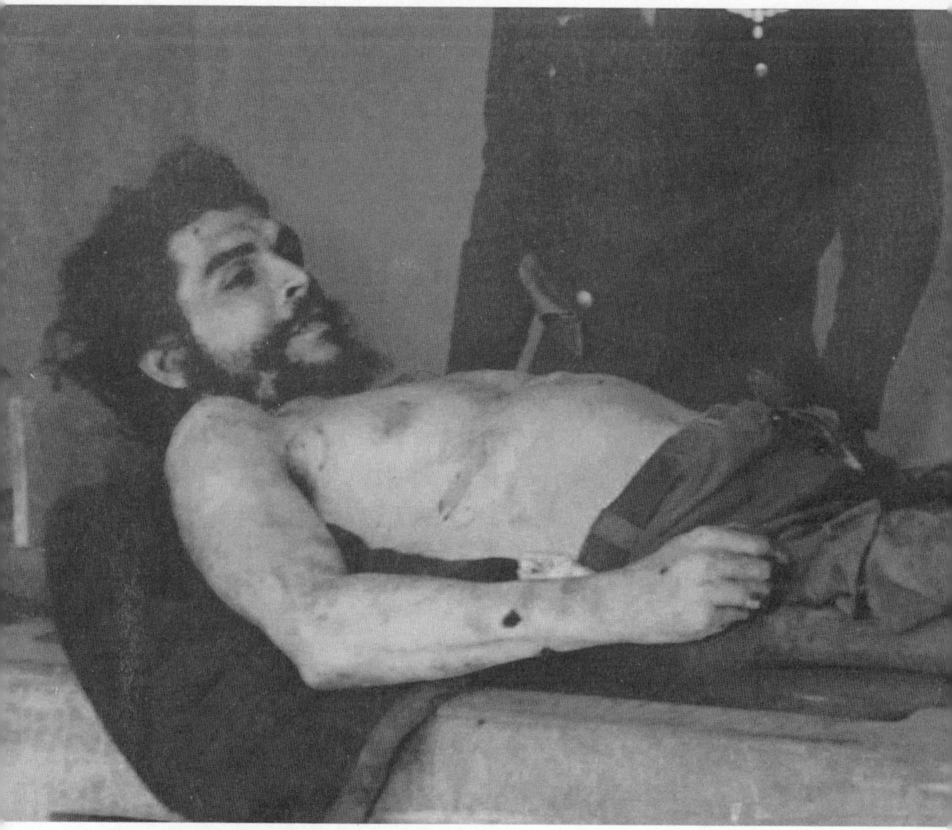

1967 年，格瓦拉遭槍決後的遺體。
© REUTERS / Aflo，Photo by Rene Cadima

一九六七年十月九日，格瓦拉被玻利維亞政府軍槍殺。檢視格瓦拉的遺體，可以看到他身上充滿許多在不斷敗北的游擊戰中留下的傷疤，令人不忍卒睹。當時拍攝格瓦拉遺體的自由攝影師佛萊迪·阿爾波達曾描述：「感覺就像在拍攝耶穌基督一樣。」曾幾何時，一生貫徹革命殉道者之姿的格瓦拉開始稱為「紅色基督」。之後，猶如聖像一般，格瓦拉生前的照片開始流傳至世界各地。

che

格瓦拉語錄 62 —享樂—

步出工業部後，格瓦拉打電話給妻子。
「我去女友家囉。」
妻子回道：
「我知道啊，你是去下棋的，對吧？」

格瓦拉對自己和他人都相當嚴格，也跟大家一樣有享樂的一面。休閒娛樂上，他特別喜歡下棋和打高爾夫。他下棋的技巧據說讓職業選手都相形見絀。下贏指導老師時，還會像孩子向下屬炫耀。

此外，他的高爾夫也打得不錯，當初與卡斯楚一起打球的紀錄還留存著。根據作家三好徹的印象，格瓦拉十八洞的總桿數是七十八桿。

格瓦拉（左）與第二任妻子阿萊伊達（右）。

che

格瓦拉語錄 63 — 香菸與書本 —

對我來說，不可或缺的事有兩樣，
而這兩樣在剛果都能獲得。
在剛果，我幾乎沒有因沒菸而煩惱過。
書本也是，總是多的跟山一樣。

1965 年 11 月，格瓦拉在剛果閱讀。
© AFP ＝時事通信

書本與香菸，是格瓦拉絕不可少的東西。格瓦拉從幼年就有閱讀習慣，很喜歡文學，尤其愛讀西班牙作家塞萬提斯（Miguel de Cervantes Saavedra）和德國文豪歌德（Johann Wolfgang von Goethe），還曾大肆讚美過智利詩人聶魯達（Pablo Neruda）。格瓦拉原本因為氣喘而不抽菸，而且加入革命軍前，一直以醫師的立場勸人不要吸菸。但加入游擊隊後，他要面對的敵人不只人類。在叢林裡，抽菸可有效驅趕蚊子、跳蚤。之後，格瓦拉便成為愛抽菸的人。

che

格瓦拉語錄64——「切」（Che）這個暱稱——

對我來說，「切」（Che）是我人生中最根本、最值得愛的一面。為什麼有人會不喜歡？人出生後就立刻冠上的那個名字，一點都不重要。那只是很個人、很瑣碎的小事。相較之下，我真的很喜歡被叫「切」。

1960 年，格瓦拉（右）與卡斯楚（左）。
© Aflo

暱稱「切」（Che）的格瓦拉，本名是Ernesto Guevara de la Serna。「Che」在格瓦拉的家鄉阿根廷柯爾多瓦（Córdoba）是常見用語，對熟識且感情好的人，都會叫對方「Che」（嘿，喂）。格瓦拉說話時經常使用「Che」這個字，因而成了他的暱稱。比起連結父母和祖父母的本名，他更喜歡這個大家都能輕鬆呼喚的小名。而這，正是一生貫徹國際主義思想的格瓦拉才會說的話。

格瓦拉語錄 65 —關於書寫—

我會書寫，
純粹是因為受到
想傳達事實的熱情所牽引。

1959 年的格瓦拉。
© AP / Aflo

格瓦拉留下許多日記、私人信件、公文書信、著作等不同種類的文字紀錄。今天，我們能得知關於他和古巴革命的事實，也是因為他留下許多著作的緣故。這段話出自他回覆某位作家的信件。在其他信件裡，他也曾寫下：「透過書寫，可以讓我直接面對具體的問題或自己對人生的真誠感受。」透過書寫，格瓦拉不但自省，也讓人生變得更好。

che

格瓦拉語錄 66 — 拉丁美洲 —

如果這麼說不會惹惱拉丁美洲的統治者，我想說，我是整個拉丁美洲最熱情的愛國主義者。

1961年8月，格瓦拉（右）與妹妹安娜・瑪利亞（左）重逢。
© AP / Aflo

在一九六四年十二月九日舉行的聯合國大會上，格瓦拉緊接在尼加拉瓜代表後發表演說。尼加拉瓜代表一面揶揄格瓦拉說話帶有阿根廷腔，一面批評他的作為是透過古巴來施壓南美東側的霸權。格瓦拉反駁對方的說法，而說出這段話。之後，格瓦拉持續率直地發言，讓人預期到他之後將會投入無止盡的革命之途。

「當我成為諸霸權眼中釘的那天來臨，我早已做好為拉丁美洲各國犧牲生命的覺悟了。」

che

格瓦拉語錄 67 —勝利與前進，祖國與死亡—

在獲得勝利之前，我必須繼續前進。
無論是「祖國」、「死亡」
或革命家的熱忱，
我都將帶著它們把你緊緊抱在懷中。

1964年12月，格瓦拉在聯合國大會發表演說。
© AP / Aflo，Photo by Harry Harris

一九六五年，格瓦拉留下給家人和卡斯楚等親友的親筆信後，離開古巴，前往他視為新革命之地的非洲。發現格瓦拉離開，關於他與卡斯楚交惡、被肅清等傳聞開始甚囂塵上。在格瓦拉失蹤一個月後，卡斯楚公開朗讀他的「告別信」，才讓大眾明白他離開的真相。這段話便是這封信的結語。由此可知格瓦拉投身革命的決心，以及他對至今一起休戚與共的同袍擁有多麼偉大的愛。

che

格瓦拉語錄 68 — 革命人生 —

當死亡將臨，
若我們的吶喊能被人聽見，
若有人為了接下我們的武器而伸出手，
若有人挺身而出，
我便能帶著喜悅死去。

一九六七年四月十六日，格瓦拉正在玻利維亞參與革命戰爭，請人把他想說的話帶到「非洲、亞洲與拉丁美洲人民團結組織」大會上。這段話說明，即使與死亡為鄰，他對革命的熱情也未曾因此消退。他召喚著同伴與未來世代。格瓦拉當時已年近四十，游擊戰對他的身體造成的負擔日益嚴酷。在玻利維亞，人民因害怕政府軍，並未像古巴人民一樣支持他們。這段訊息被公開朗讀約半年後，格瓦拉便壯烈犧牲了。

1958 年，格瓦拉在聖塔克拉拉贏得戰爭勝利。
© AFP ＝時事通信

che

格瓦拉語錄69——個人與社會——

真正重要的是，
每個人在了解自己與社會結合的必要時，
也能日漸深深覺察到自己
身為社會原動力的重要。

1962 年 5 月，格瓦拉（左二）與卡斯楚兄弟參與示威遊行。

在那些原本為追求勞動者權力而建立的社會主義國家中，勞動者再次成為社會的小齒輪，資本主義集團的利益再次超越個人，當權者再次成了社會的既得利益者。社會主義陣營批判資本主義陣營腐敗的部分，同樣也出現在社會主義陣營。對於社會主義的衰敗，格瓦拉也不假辭色加以批判。他認為，這個體制讓支撐社會的個人輕視自己存在的重要性，才是使人民選擇開始相互壓榨的起因。

che

格瓦拉語錄 70 — 集團與個人 —

「集團」與「個人」之間的對立
近來日漸擴大。
我從來不接受私人的援助，
總是憑藉一己之力找出自己的道路。

休息中的格瓦拉。
© Picture Alliance / Aflo

這段話出自在印度遊歷時，格瓦拉寫給母親塞莉亞的信。在遠離古巴與拉丁美洲的亞洲大陸上，格瓦拉將孤獨侵襲的心情吐露於信中。

雖然身為英雄且擁有非凡的魅力，但格瓦拉絕非利己的個人主義者。

對於古巴的革命同志能全然接受他這個莽撞的人，格瓦拉在信中充滿對他們的感念之情，而對於自己能成為其中一員，格瓦拉也在信中充分表達自我肯定。

che

格瓦拉語錄71—在死亡面前—

冷靜下來，仔細描準。等會兒，你將奪去一個人的性命。

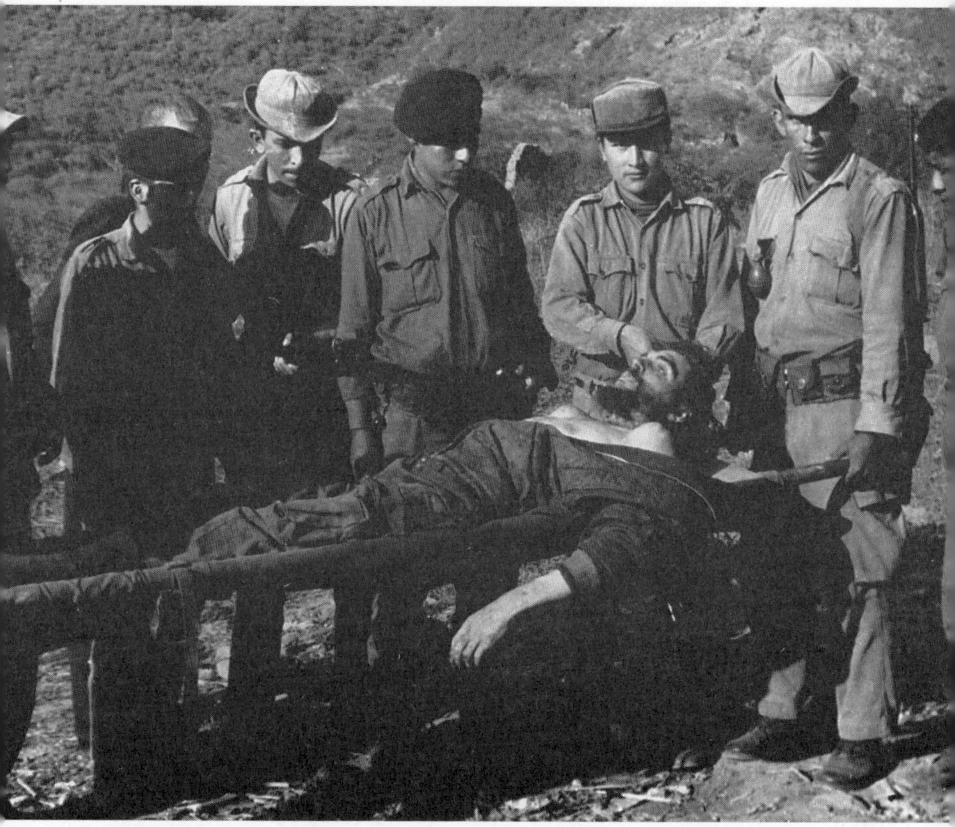

與格瓦拉的遺體一起入鏡的玻利維亞士兵。
© REUTERS / Aflo

這段話是格瓦拉最廣為流傳的遺言。抵達玻利維亞約十一個月後，格瓦拉逐漸擴大游擊戰事，終究遭接受美國援助的玻利維亞政府軍逮捕。隔天，格瓦拉對著拿槍抵著他卻全身僵硬無法動彈的中士馬力歐・塔藍（Mario Terán）說：「你眼前的人並非英雄，只是個平凡男人。」並催促馬力歐對自己開槍。

在格瓦拉遭處決的兩年後，馬力歐因白內障而需接受手術。古巴政府未追究他殺害格瓦拉一事，並提供他免費的醫療。

喝咖啡的格瓦拉。

第4章 在遊歷中生活

che

格瓦拉語錄 72 — 旅行的宿命 —

如今，多虧那幾乎不可思議的巧合，
讓我終於了解——
旅行，就是我的宿命。

1944 年，15 ～ 16 歲的格瓦拉。

格瓦拉從十幾歲便常四處流浪旅行。剛開始只是在國內的短程旅行，到了一九五一年，他和友人阿貝托．格拉納多一起展開騎摩托車橫越南美大陸的旅程。這輛二手機車卻在中途拋錨，他們只好改以徒步或搭便車的方式進行冒險之旅。在智利的丘基卡馬塔銅礦場（Chuquicamata）見到的景象，深深烙印在格瓦拉的腦海裡，久久不去。在那裡工作的農夫和勞工只能擁有勉強應付開銷的生活水平，不但無法獲得合理的薪水，還得在惡劣的條件下工作。

che

格瓦拉語錄 73 —— 旅行改變人生 ——

當我東奔西走，在南美大陸四處旅行時，在連我自己都沒注意到的過程中，我已經改變了。

1952 年，格瓦拉（右）和阿貝托（左）搭竹筏「曼波 · 探戈號」沿著亞馬遜河順流而下。

格瓦拉首次橫越南美的壯遊始於一九五一年十二月，並一直持續到隔年的七月。從阿根廷到智利，他親眼目睹礦場勞工的生活現況。在祕魯，他探訪馬丘比丘遺跡，深切理解當地的殖民歷史，並在痲瘋病療養院工作。他們還乘竹筏自亞馬遜河順流而下，經過哥倫比亞，一路來到委內瑞拉。與阿貝托分開後，他一路北上到美國的邁阿密才踏上歸途。這趟旅程，讓格瓦拉深切了解南美當時貧困的現狀。

格瓦拉語錄74 —— 橫越南美大陸 ——

因為這躺旅程，讓我更確信。
說拉丁美洲被瓜分成不穩定的偽主權國，
全是胡說八道。

阿根廷的博物館展出格瓦拉橫越南美時騎乘的「龐德羅莎二號」。
© RAPHO ／ Aflo，Photo by Jean-Claude Coutausee

格瓦拉等人待在祕魯痲瘋病療養院時，當地人曾為他們舉辦派對。這段話即出自格瓦拉在這場派對的演說內容。格瓦拉在南美各地的所見所聞，讓他對南美大陸的人民產生休戚與共的感受。在這段話後，他接著說道：

「我們都是混血的人種。從墨西哥到麥哲倫海峽，在民族誌[2]上都可見到明顯的共同點。因此，讓我們為了去除那些少許的地方本位主義，為了祕魯與拉丁美洲的團結，乾杯！」

2譯註：民族誌是社會人類學者以參與觀察的方法，對特定文化及社會蒐集製作資料、紀錄、評價，並詳細地、動態地、情境化描繪和解釋的一種方法。

che
格瓦拉語錄 75 — 旅行人生 —

之後的事？
老實說，我連死後會葬在哪裡都不曉得。

1958 年的格瓦拉。
© AFP ＝時事通信

格瓦拉在醫學院畢業後，展開第二次橫越南美大陸之旅。那時的他還不曉得，自此一別就是他與故鄉阿根廷的永別。那時的格瓦拉年僅二十五歲。

當時，格瓦拉感受到南美大陸蠢蠢欲動的革命氣息，聽說在瓜地馬拉反美的阿本斯（Jacobo Árbenz Guzmán）政權聚集了不少古巴流亡者，便一路趕往瓜地馬拉。當時的這個決定，成為日後引領格瓦拉走上革命之路的關鍵。

格瓦拉語錄 76 — 青春歲月 —

每當想到內心的夢想就快滿溢而出，
我總是片刻都無法冷靜以對。
無論是醫學院、醫院或各種實驗，
都令我百無聊賴。

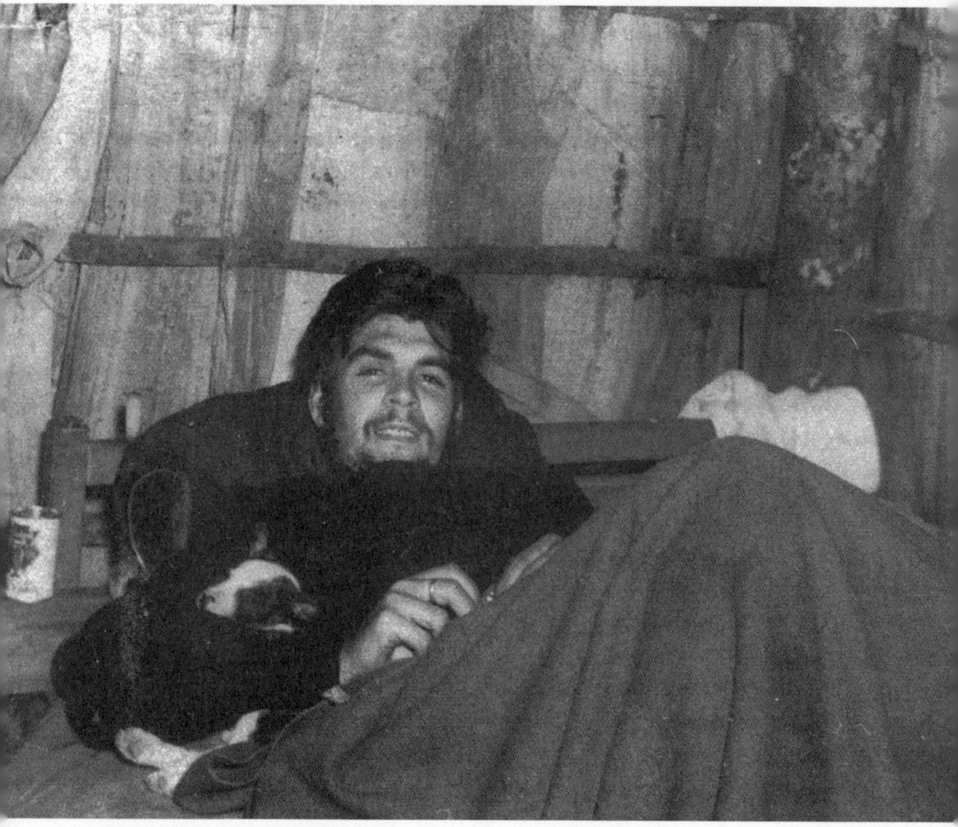

1957 年，格瓦拉抱著小狗躺在床上。
© Roger-Viollet / Aflo

與多數青少年一樣，當時的格瓦拉還無法決定自己的將來。

一九四七年，格瓦拉進入國立布宜諾斯艾利斯大學的醫學院就讀，但那也只是因為格瓦拉的母親要求格瓦拉家的孩子都一定要上大學。格瓦拉的母親塞莉亞思想先進，主張女性應獲得解放。格瓦拉進入大學後，與生俱來的學習熱忱益發熱烈，哲學、政治學、心理學等各領域書籍，都讓格瓦拉一讀就是好幾個小時，不忍釋卷。然而這些學習無法滿足格瓦拉，他終究將視野移往更廣闊的世界。

che

格瓦拉語錄77——一場名為「人生」的冒險——

坦白說，無論在古巴
還是其他我去過的國家，
我從來不覺得自己在當地是外國人。
我的人生，就是一連串的冒險。

1960 年的格瓦拉。

從這段話可充分看出格瓦拉國際化的人格特質。在解放古巴的革命軍中混著僅此一位的阿根廷人，讓格瓦拉總是遭遇許多好奇的眼光。為什麼一個外國人會特地跑來參加他國的革命，甚至賭上自己的性命？格瓦拉的回答非常簡潔：「我在墨西哥的時候覺得自己是墨西哥人，在祕魯的時候覺得自己是祕魯人。現在身在古巴，我也覺得自己是古巴人。如果回到阿根廷，我就會覺得自己是阿根廷人啊。無論到哪裡，我的個性就是這樣。」

che

格瓦拉語錄 78 — 貫徹真理 —

我經常被稱為冒險家。
雖然與一般類型不太一樣，但的確如此。
為了向世人展現我所信仰的真理，
我願意賭上性命。

1967 年，格瓦拉（右下）投身玻利維亞的游擊戰。

格瓦拉並非漫無目的四處流浪。或許剛開始是如此，但格瓦拉在南美大陸的旅行日記中寫道：「寫下這些手札的人，在踏上阿根廷的土地時便死去了。（中略）至少，如今站在這裡的人，已不是過往的我了。」格瓦拉在四處遊歷時目睹的不公不義中，看到了這個世界的真理。

格瓦拉在古巴革命後依舊持續探究真理。無論在剛果或玻利維亞，他仍然持續貫徹真正的正義，持續追求真理。

格瓦拉語錄 79 —— 四處遊歷的浪蕩兒子 ——

再次，我像跨上羅西南特一般，
腳後跟又隱約感受到馬兒的肋骨。
持盾在手，我即將再次踏上征途。
告別時，我的父母被我這個
浪蕩孩子緊緊擁入懷中。

1960 年，騎馬的格瓦拉。
© adoc-photos / Corbis / amanaimages

這段話出自格瓦拉前往新的革命據點剛果前，寫給雙親的家書。羅西南特是格瓦拉喜愛的文學名著《唐吉軻德》中，生活在夢想與瘋狂中且四處遊歷的主角唐吉軻德所騎乘的愛駒。這封家書的最後一段內容，準確地預言了格瓦拉不久後的遭遇。

「這次，可能是最後一次了。我當然不這麼希望。但考量到現實，成真的機率非常高。」

格瓦拉語錄 80

—成為革命家的條件—

只有為了參與他國革命
而有捨棄舒適生活覺悟的人，
才有資格稱為。革命家。

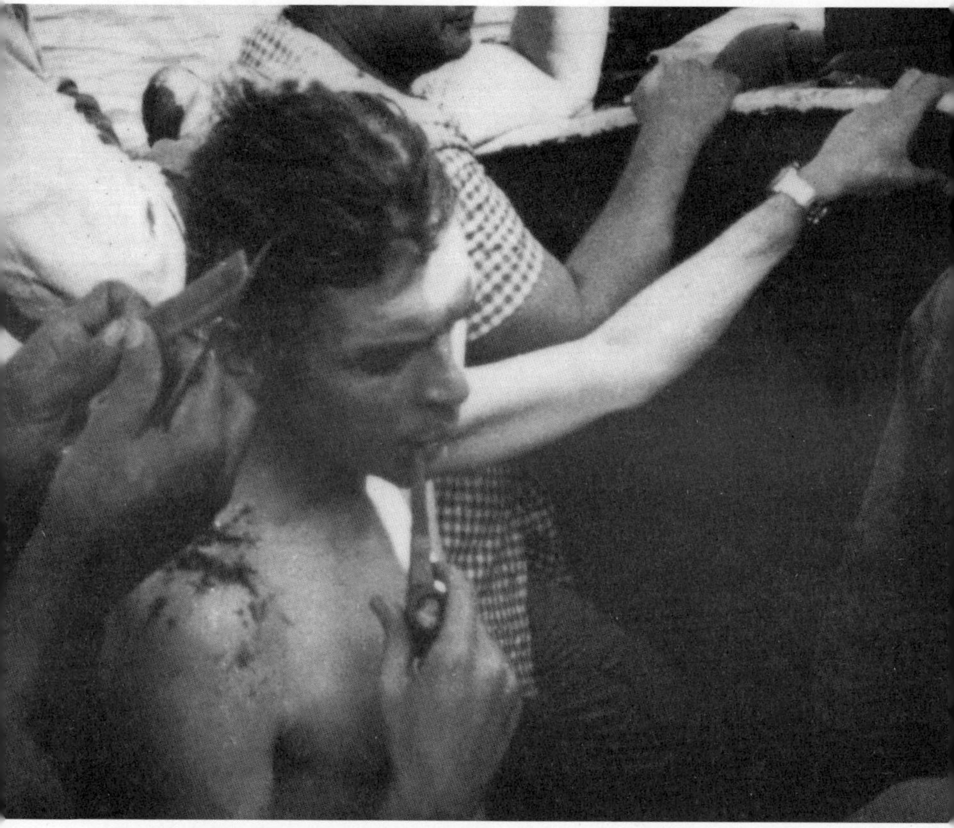

1965 年 11 月，格瓦拉為了喬裝而刮去鬍子，剪去頭髮。
© AFP ＝時事通信

從古巴前往剛果時，格瓦拉還身兼工業部長一職。他與卡斯楚各有擁護者，如果就這麼留在古巴，幾乎可篤定終身保有革命英雄的名聲。

但格瓦拉所冀求的，從來不是他一人的安逸生活。他的目標是將世上每個角落的奴役、掠奪等事撥亂反正。

據說他離開古巴時，完全沒為妻子留下任何財產。

格瓦拉語錄 81 — 與友分別 —

在這世上的其他國家，有人正需要我卑微的努力。身為古巴領導者的你不得不拒絕的事，我卻能答應。這代表我們分道揚鑣的時候，已經到了。

1959 年的格瓦拉（右）與卡斯楚（左）。
© www.bridgemanart.com / amanaimages，Photo by Roberto Salas

這段話取自格瓦拉寫給卡斯楚的告別信。自兩人於墨西哥市相遇以來，一直是合作無間的同袍，但終究也到了必須各奔東西的時候。卡斯楚成為古巴總理，必須以政治家的身分來治理國家。他與以打倒世上一切不公不義與不平等為目標的革命家格瓦拉，已經不可能再並肩合作。然而，他們之間的友情並未就此告終。在同一封信裡，格瓦拉這麼寫道：「要不斷擁有新的戰場，是你教我該秉持的信念。」

che

格瓦拉語錄82 — 不可無動於衷 —

對於帝國主義，無論哪個國家的勝利，
都是我們每個人的勝利。
無論哪個國家的失敗，
都是我們每個人的失敗。
對於這世上每個角落所發生的事，
我們都不該無動於衷。

1962 年，格瓦拉於哈瓦那發表演說。
© www.bridgemanart.com / amanaimages，Photo by Osvaldo Salas

一九六五年，格瓦拉在亞非人民團解組織大會發表的演說，讓他與強化和蘇聯合作的卡斯楚之間，在路線上出現決定性的分歧。當格瓦拉提到面對帝國主義，各國的合作相當重要，他是這麼說的：「如果讓先進國家與開發中國家這兩個團體建立起這樣的關係（不平等的國際貨幣匯兌制度），即使這個先進國家是社會主義國度，也應該被認為是帝國主義者的共犯。」這裡的社會主義國家，指的就是蘇聯。

格瓦拉語錄83—訪問印度—

印度總理尼赫魯就像我的祖父，親切地歡迎我們。無條件地接納我們。

1959年，格瓦拉（左）與印度總理尼赫魯（右）握手。

一九五九年古巴革命後，格瓦拉以親善大使的身分出訪亞、非各國，在訪問印度期間，他與當時的印度總理尼赫魯舉行會談。格瓦拉年輕時便很喜歡尼赫魯所寫的《發現印度》，書中關於政治和經濟主權的觀念深深影響了他。格瓦拉會對美國帝國主義深惡痛絕，也與閱讀尼赫魯的著作息息相關。

會談隔天，尼赫魯和格瓦拉一同前往為印度獨立奠定基石的非暴力思想家甘地的墓園謁靈。

che

格瓦拉語錄 84 — 訪問日本 —

你們日本人被美國如此殘暴對待，難道都不憤怒嗎？

1959年，格瓦拉（右三）到廣島原爆慰靈碑前致意。

在埃及、印度之後，格瓦拉來到日本，並與當時的經濟產業省大臣池田勇人進行會談。之後，格瓦拉等人表示希望能前往廣島，卻被日方拒絕了。因此，格瓦拉等人自行購買夜班火車票前往廣島，並到原爆慰靈碑前致意。這段話便是出自格瓦拉用英語詢問廣島當地負責人的問題。提問前一直靜默的格瓦拉，在參觀原爆資料館時，面對原爆帶來的慘況，流露出深切的同情與憤怒。

che

格瓦拉語錄 85 — 憎恨權力 —

一旦坐上權力的王座，
遵守原本的行動準則將變得非常艱難。

2006 年，卡斯楚（左）與委內瑞拉已故總統查維茲（右）。

一九五九年十一月三日，格瓦拉接受阿根廷 Radio Rivadavia 廣播公司的採訪。在廣播中，格瓦拉談到他對參與革命運動與坐上權力王座之後的感想，這段話便出自這段訪談。之後，格瓦拉繼續補充說道：「如果一直受到來自國外壟斷的資本主義攻擊，會對國家經濟形成壓力吧。」六年後，格瓦拉放棄部長職位，遵從自己的行為準則，以革命戰士身分渡海前往非洲。

格瓦拉語錄 86 —前往非洲大陸—

為了抵禦世上所有的壓迫，
雖然最重要的戰場並非只有這塊大陸，
但它絕對是最重要的戰場之一。

1965 年，格瓦拉（中）訪問東非的尚西巴（Zanzibar）。

從一九六四年訪問阿爾及利亞開始，格瓦拉在非洲遊歷了許多國家。這次的經驗，成為日後他採取不同行動的契機。回到古巴後，格瓦拉很快便斷絕與外界的聯繫，開始為投入剛果的游擊戰爭做準備。但在剛果的革命，並不如在古巴一般順利。一九六五年十一月十八日，格瓦拉在從剛果的游擊隊基地送回古巴的訊息中表示：「情況非常糟糕。同伴和農民都加入敵方陣營，幾乎沒有可以相信的剛果士兵。」語氣中滿是悲壯。

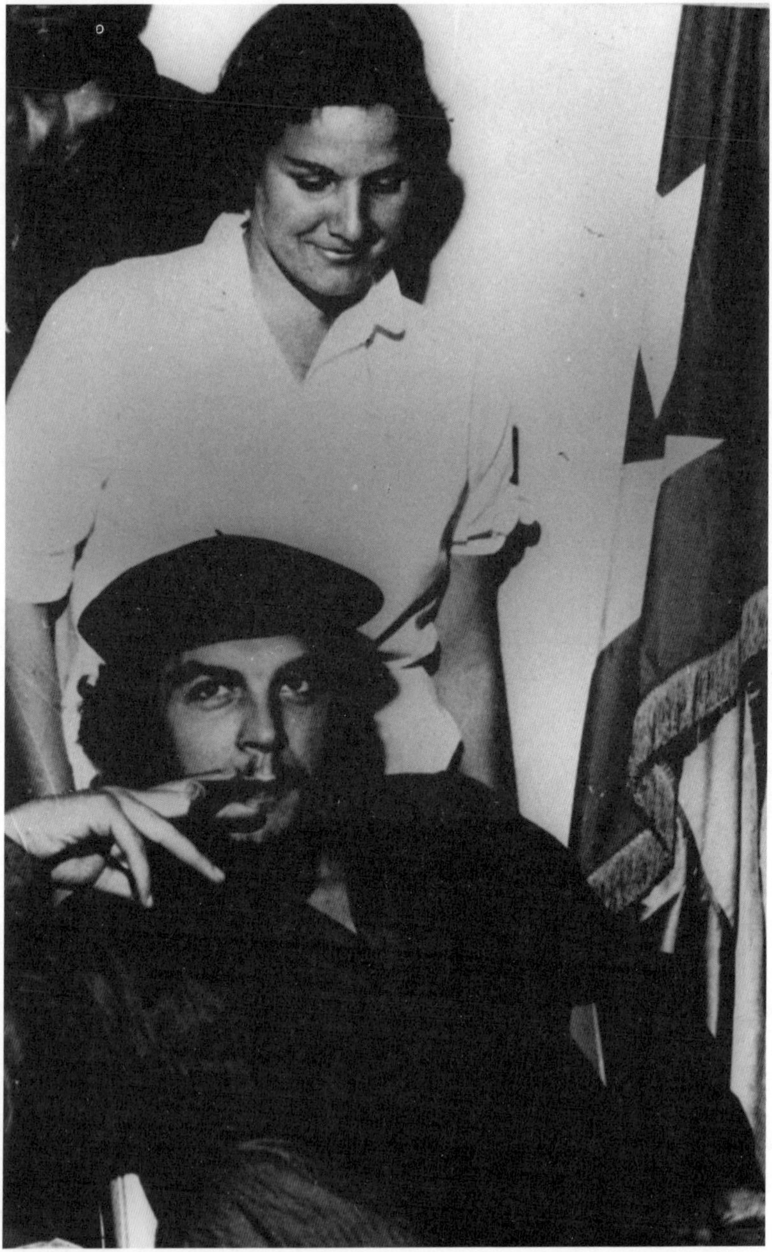

1958～59年的格瓦拉。　© akg-images / Aflo

第5章

愛家人，信朋友

che

che

格瓦拉語錄 87 — 女性的力量 —

在我嚴酷的戰士生活中，
有些女性同袍，
不但擁有女性的特質，
也擁有與男性相同的工作能力。
女性也有戰鬥的能耐。
雖然體力不如男性，
耐力卻毫不遜色。

1958 年 12 月，格瓦拉成功占領聖塔克拉拉。
© Sygma / Corbis / amanaimages，Photo by Alain Nogues

古巴的革命軍戰士中，也可見女性的身影。在墨西哥進行訓練時一路支持格瓦拉的，便是他第一任妻子伊爾達．加德亞（Hilda Gadea）。伊爾達身為古巴流亡者，對社會運動相當熱情，也帶給格瓦拉很大的影響。格瓦拉是透過她，才有機會涉獵俄羅斯的革命文學，以及馬克思和毛澤東等人的著作。此外，與格瓦拉一起參與游擊戰的則是他第二任妻子阿萊伊達．馬奇。阿萊伊達原本的工作是負責游擊隊的資金調度，之後卻因此遭通緝，便改以戰士身分加入革命軍。

格瓦拉語錄 88 — 女兒的誕生 —

女兒的誕生帶給我雙重的喜悅。
其一，她替我悲慘的婚姻生活畫上句點。
其二，總之，
她也讓我相信我可以再次出發。

1959年6月，新郎格瓦拉（右）與新婚的第二任妻子阿莱伊達（左）。

一九五五年，二十七歲的格瓦拉與伊爾達・加德亞成婚。當時，格瓦拉在墨西哥市從事街頭攝影師、書籍販售員等工作，不久又到公立醫院擔任醫師助手。就在那時候，他與卡斯楚相遇，並決定前往古巴。隔年，他與伊爾達的女兒誕生。以妻子和阿姨的名字來命名，取名為伊爾達・佩亞多莉絲，膩稱小伊爾達。格瓦拉認為，即使自己因革命戰死，這孩子將成為他曾存在於世的證據，讓格瓦拉重新下定決心成為革命戰士。

che

格瓦拉語錄 89 — 父與子 —

就算沒什麼特別了不起的，
但每個人都有必須去做的事。
只要你一直都以父親為榮就好。
而我，也會一直以你為榮。

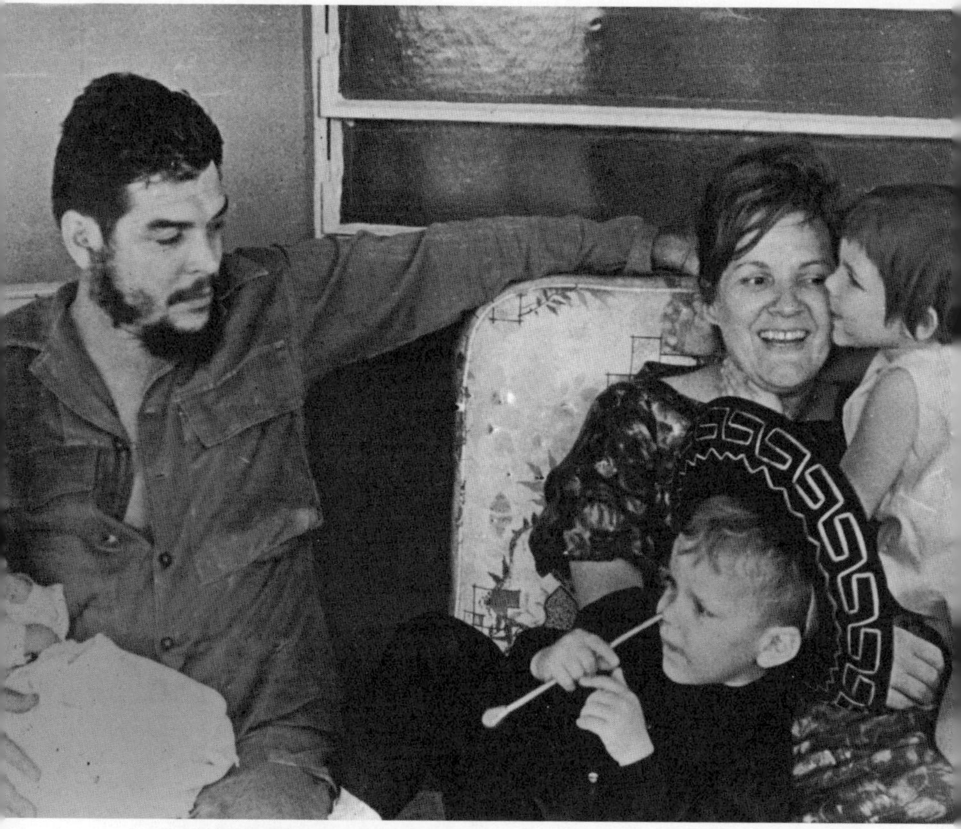

1965 年，格瓦拉在哈瓦那的自宅與家人共享天倫之樂。
© AFP ＝時事通信

這段話出自格瓦拉寫給與第一任妻子伊爾達所生的長女小伊爾達的信。一九六六年，非洲剛果的新革命正日益擴大且戰事吃緊時，格瓦拉寫下這封信。那時，格瓦拉與伊爾達已離婚，並與一起在古巴參與游擊戰的阿萊伊達・馬奇再婚。他和阿萊伊達共生了兩男兩女。雖然離婚，格瓦拉對與前妻一起孕育的女兒，絲毫沒有忘記對她的愛。而伊爾達與阿萊伊達也從未禁止孩子們跟彼此家庭認識往來。

che

格瓦拉語錄 90 —— 給我的兒子 ——

如果帝國主義依舊盤據不散，
就跟我一起對抗它吧。
若是能狠狠擊敗它，
到時候你、卡米洛和我，
一起到月亮上好好休息吧。

格瓦拉的妻子阿萊伊達與兒女們。坐在中央抱著嬰兒的少女，就是格瓦拉與前妻所生的小伊爾達。
© AFP ＝時事通信

一九六六年，格瓦拉自玻利維亞寫信給他的孩子們，這段話就是格瓦拉跟與自己同名的次子埃內斯托說的話。信的開頭寫道：「爸爸正從很遠的地方趕著寫信給你們。所以我究竟經歷了怎樣的冒險，現在還沒辦法跟你們細說。很可惜。」由此可知，當時在不熟悉的地方進行革命的格瓦拉，正陷入苦戰。卡米洛是格瓦拉的長子，他的名字來自格瓦拉因飛行事故喪生的戰友卡米洛・西恩富戈斯（Camilo Cienfuegos）。在附註中，格瓦拉也特地寫了一段話給與前妻所生的小伊爾達。

che

格瓦拉語錄 91 — 最愛的女性 —

當作精神依靠帶上戰場的回憶之物有兩個。一個是妻子的圍巾，另個是母親那鑲著石頭的鑰匙圈。

格瓦拉的母親塞莉亞。
© Bettmann / Corbis / amanaimages

影響格瓦拉最大的女性是他的母親塞莉亞。但在格瓦拉遠赴非洲投入新的革命戰爭時，她去世了。在格瓦拉於當地寫下名為〈石頭〉的文章中，吐露了當他聽聞母親命危時的心情。當母親送給他的鑰匙圈上鑲著的石頭不見時，他將遺失的石頭與逝去的母親相比擬，寫下以下的話語。

「人們並不會失去真正重要的東西，如果那東西真的不可或缺的話。一旦再也不需要那東西，或許它才能真正永存吧。」

格瓦拉語錄 92 —給雙親—

我真的很愛你們。
只不過，我不知道該怎麼表達
我對你們的愛。
我也很清楚，
我對自己的行為舉止設限太多了。

格瓦拉的全家福。中間就是少年格瓦拉。
© PR / LAT / CAMERA PRESS / AFLO

這段話出自一九六五年格瓦拉離開古巴前往剛果前，寫給雙親的家書。格瓦拉的母親塞莉亞讀完兒子從異國寫來稟告近況的信後，一如既往地在阿根廷國內支持兒子。她幫忙宣傳格瓦拉的行動，甚至曾因此遭逮捕。塞莉亞則是這麼回信給兒子：「雖然我只是個老女人，但我也希望全世界能變成如你所說的社會主義社會。」但格瓦拉還來不及看到這封信，人生就畫下句點。

格瓦拉語錄 93 — 對孩子的煩惱 —

我女兒實在太像毛澤東了。

1960 年，格瓦拉（左）訪問中國時與毛澤東（右）握手。
© CTK / CAMERA PRESS / AFLO

雖然格瓦拉一路朝著實現革命理想的道路前進，但在忙碌的生活中，他仍給予孩子許多關愛。一九五六年二月十五日，他與第一任妻子伊爾達的女兒小伊爾達誕生了。格瓦拉非常坦率地表達他的感動：「女兒的出生實在讓我太開心了。」「我的靈魂就像要爆炸一般。」乍看像混有東方血統的伊爾達，有著一張具有亞洲風情的臉孔。他們的女兒小伊爾達，長相上也遺傳了媽媽的東方風情。

格瓦拉語錄94 — 不留遺產 —

我雖然沒有留給妻小任何東西，
但我一點都不遺憾。
反而因為這樣而更開心。
因為我知道，
國家會照顧他們的生活和教育。
除此之外，我沒有其他奢望。

在玻利維亞的最後一段歲月，格瓦拉寫的日記與隨身攜帶的孩子照片。
© REUTERS / Aflo，Photo by David Mercado

一九六五年十月三日，卡斯楚公開朗讀了格瓦拉寫給他的「告別信」，這段話便出自這封信。格瓦拉自己也和他所主張的「新人類」一樣，比起財產等實體，他認為精神層面的東西更有價值。因此，革命之後格瓦拉雖位居要職，卻依舊過著樸素的生活。有次他的妻子用公家車來接送小孩，讓他氣憤地大罵：「那輛車是古巴人民的東西！不可以挪為私用！」

Che

格瓦拉語錄 95 — 在異國思念孩子 —

希望有一天，在這座橋下，
我們能手牽手渡河。
那時，我將被孩子們的歡笑聲包圍著。

古巴革命成功並建立新政權後，格瓦拉不得不向從墨西哥來到古巴的伊爾達提出分手。因為在革命戰爭中，格瓦拉愛上一起並肩作戰的女戰士阿萊伊達。據說格瓦拉開口提離婚時，伊爾達旋即表示會成全他們。之後，格瓦拉和阿萊伊達再婚，並生下兩男兩女。格瓦拉為了重生的古巴四處奔波，從各地寫了許多信給阿萊伊達。這段話便是取自格瓦拉寫給阿萊伊達的明信片內容。

1961 年的格瓦拉。

格瓦拉語錄 96 —— 革命家如何養育孩子 ——

我是拉蒙，你爸爸的朋友。
我從西班牙來的。

格瓦拉為了前往剛果而刮去鬍子喬裝。等到要赴玻利維亞時，他連頭髮都剃了。

一九六六年七月，格瓦拉悄悄自剛果返國。為了整頓即將前往玻利維亞參與新革命的游擊隊，格瓦拉特地返國準備。在這段期間，格瓦拉抓緊僅有的片刻空檔與妻子阿萊伊達及孩子們相聚。考量到孩子還小無法守密，格瓦拉還喬裝成潛伏於玻利維亞的裝扮，並使用假名，以父親友人的名義與女兒小阿萊伊達見面。當時年僅五歲的小阿萊伊達還悄悄跟母親說：「我覺得這個人好像很喜歡我。」

che

格瓦拉語錄 97 — 別離的時刻 —

不要等我。
就拿這個咖啡杯，
為代替我的那個人泡杯咖啡吧。

為了追求理想，格瓦拉捨棄了在古巴的官位與名聲，決心朝新的革命地點出發。這段話來自格瓦拉離開前寫給妻子阿萊伊達的信。一如他寫給雙親的信（請見P174），從中可看出他已做好犧牲的準備。因此，他寫了這封信給留下來的愛妻。當格瓦拉離去後，手足無措的阿萊伊達跟朋友說：「早知如此，當初別生這麼多孩子就好了。」

切．格瓦拉。（拍攝時間不明）

che

格瓦拉語錄 98 — 一生的同袍——卡斯楚 —

我與卡斯楚的相遇是政治事件。
當時的他，
年輕、聰明、自信滿滿又極度大膽。
我們立刻一見如故。

1958 年的格瓦拉（右）和卡斯楚（左）。
© G Sioen / GAMMA / Aflo

相遇，能大大改變一個人的一生，歷史也可能因此改寫。如果從瓜地馬拉前往墨西哥避難的格瓦拉與從古巴逃亡至墨西哥的卡斯楚沒有相遇，古巴革命或許不會成功，而格瓦拉或許也不會因為革命戰爭而客死玻利維亞。雖然他們日後因為立場不同而分道揚鑣，但兩人的友誼並未生變。一九九七年，當格瓦拉的遺骸送回古巴，卡斯楚便親自將格瓦拉的骨灰送至紀念碑安葬。

格瓦拉語錄 99 — 悼念戰友 —

我們一起戰鬥，
一起分享喜悅與勝利，
他不只是我的同袍。
事實上，卡米洛就像我的兄弟。

格瓦拉（左）與卡米洛・西恩富戈斯（右）。

除了卡斯楚兄弟外，格瓦拉在革命軍還與卡米洛・西恩富戈斯建立深厚情誼，完全不負「戰友」一詞代表的含義。這段話出自格瓦拉為卡米洛寫的悼詞。當初從墨西哥搭乘「格拉瑪號」出航的八十二名生還者中，卡米洛也是其中一員，卻在古巴革命成功後，因為飛航事故而下落不明。格瓦拉把自己寫的《游擊戰》一書獻給卡米洛。他在序文中寫道：「卡米洛那樣的人，即使失去肉體，他的生命依舊會駐留在人民心中。」

che

格瓦拉語錄 100 —被母愛包圍—

我希望母親能來這裡。
我想把頭枕在她的膝蓋上，
聽她溫柔地叫我「我的小男孩」，
然後輕柔地撫摸我。
我的身體正這麼渴求著。

1933 年，五歲的格瓦拉。
© PR / LAT / CAMERA PRESS / AFLO

格瓦拉在剛果收到母親去世的消息，以〈石頭〉為題寫了一篇文章，悼念他的母親。格瓦拉一生都深愛著母親，而他的母親也一直支持著革命家兒子。

在這段話後，格瓦拉化身為受母愛照拂的孩子，寫下以下文字。

「我覺得很安穩、很渺小，也覺得很強大。我不需要請求母親的原諒。因為母親一定會說，我，是她的『可愛小男孩』。」

切・格瓦拉 1928—1967 年表&大事紀

年齡	事蹟	國際大事
0歲 1928年	5月14日（戶口登記為6月14日），身為長子的格瓦拉在阿根廷的羅沙里歐誕生。父親是愛爾蘭裔建築師埃內斯托・格瓦拉・林，母親是西班牙裔的塞莉亞・塞爾納・略薩。	玻利維亞和巴拉圭開戰。日本舉行昭和天皇登基大典。
2歲 1930年	全家移居至米西奧內斯省，父親埃內斯托開始經營瑪黛茶園。格瓦拉終身為之所苦的氣喘開始發作。日後當上阿根廷總統的胡安・裴隆所屬的陸軍軍官聯合小組發動軍事政變。	經濟大恐慌（1929年～）日趨惡化。甘地發起「食鹽長征」的不服從運動。
5歲 1933年	格瓦拉的氣喘加劇，一家人移居到市郊的上格拉西亞。之後，格瓦拉不顧病況，開始熱中踢足球和打橄欖球等運動。	納粹德國在達豪設置第一個集中營。美國和蘇聯建交。
7歲 1935年	進入小學就讀，但因氣喘無法順利上課，改由母親在家教導格瓦拉。格瓦拉在家讀完父母三千多冊的藏書。	戰爭烏雲籠罩歐洲，美國通過「中立法案」。日本創立芥川賞、直木賞。
9歲 1937年	父親埃內斯托成立支持西班牙共和政府的組織。	西班牙內戰爆發。日軍發動「盧溝橋事變」，中國對日抗戰開始。
17歲 1945年	12月，秋季考試結束，格瓦拉騎著單車在阿根廷境內的聖塔菲、北柯爾多瓦、門多薩等地旅行。	第二次世界大戰結束，日本接受「波茨坦宣言」。
19歲 1947年	進入國立布宜諾斯艾利斯大學醫學院就讀。	美蘇冷戰開始。日本開始實施憲法。

23歲 1951年	12月，與好友阿貝托·格拉納多進行首次橫越南美大陸旅行。一路行經阿根廷、智利、祕魯、哥倫比亞、委內瑞拉等國，親眼目睹南美的貧困與受列強欺壓的現狀。	氫彈試爆成功。 日本簽訂舊金山合約。
24歲 1952年	3月，透過武裝政變，巴蒂斯塔在古巴建立獨裁政權，並與蘇聯斷交。 4月9日，玻利維亞礦山的礦工群起發動革命。11月，格瓦拉回到布宜諾斯艾利斯，完成大學學業，並取得醫師資格。	舊版美日安保條約開始生效。
25歲 1953年	7月，與友人卡洛斯·費瑞爾一起進行第二次橫越南美旅行。旅行至玻利維亞時，埃斯登所羅政權正在進行大規模社會改革。而後格瓦拉於祕魯及厄瓜多稍事停留。12月，進入瓜地馬拉。與自祕魯流亡的妻子伊爾達·加德亞相識。此外，也認識了攻打蒙卡達兵營行動後流亡的古巴人。	南北韓簽署板門店停火協議。 奄美諸島歸還日本。
26歲 1954年	6月18日，瓜地馬拉遭到鄰國宏都拉斯由CIA所支援的美國傭兵部隊攻擊。反抗美國資本主義的哈科沃·阿本斯政權因此垮台。格瓦拉得知自己名列CIA的暗殺名單後，離鄉前往墨西哥。9月，抵達墨西哥。從事許多不同的工作，過著困窘的生活。	法國軍隊開始從越南撤軍。 日本自衛隊成立。
27歲 1955年	7至8月，透過勞爾·卡斯楚的引薦認識了菲德爾·卡斯楚。決定以軍醫身分加入革命軍，目標為打倒獨裁的巴蒂斯塔政權。8月8日，與伊爾達結婚。	美國通過台灣決議案。 日本自由民主黨成立。
28歲 1956年	2月15日，與伊爾達的長女小伊爾達誕生。6月，與流亡的古巴朋友一起被捕，在拘留所待了一個多月。11月25日，格瓦拉與卡斯楚等82名革命軍搭上「格拉瑪號」，由墨西哥朝古巴出發。12月2日，抵達古巴後隨即遭到古巴政府軍攻擊。同月21日，倖存的士兵在山區聚集展開游擊戰。	第二次以阿戰爭。 墨爾本奧運。 日本加入聯合國。

29歲 1957年	1月17日，攻擊政府軍的拉普拉塔軍營並取得首次勝利。5～6月，格瓦拉領導革命軍的「第四部隊」。在古巴西南部馬埃斯特臘山脈展開游擊戰。政府軍自此展開大規模軍事行動。	蘇聯發射人類第一顆人造衛星。羅馬條約簽定，成立歐洲經濟共同體。
30歲 1958年	12月30日，格瓦拉被任名為司令官（指揮官），攻占聖塔克拉拉。年底至隔年1月1日，獨裁者巴蒂斯塔恐懼日益強大的革命軍勢力，逃亡國外。	法國第五共和。金門八二三炮戰。歐洲經濟共同體正式確立。
31歲 1959年	1月2日，格瓦拉與摯友卡米洛．西恩富戈斯攻入古巴首都哈瓦那的卡巴那要塞。同月8日，卡斯楚攻入哈瓦那。古巴革命成功，建立新政權。同月21日，與革命後來到古巴的妻子伊爾達及女兒相聚。5月22日，與伊爾達正式離婚。6月3日，與阿萊伊達．馬奇再婚。同月，開始訪問亞非等國。10月28日，卡米洛．西恩富戈斯於飛行中失事，下落不明。	達賴喇嘛流亡印度。日本反對美日安保條約聲浪日漸高漲。
32歲 1960年	10月22日，訪問蘇聯、中國等社會主義國家，展開長期旅外行程。11月24日，阿萊伊達產下長女小阿萊伊達。	越戰爆發。羅馬奧運。
33歲 1961年	2月，格瓦拉就任工業部長。4月，擁護巴蒂斯塔政權的一百五十名傭兵由豬玀灣登陸，爆發「豬玀灣事件」。事件很快獲得鎮壓，參與者也遭逮捕。8月，格瓦拉前往烏拉圭參加埃斯特角城舉行的美洲國家經濟暨社會理事會，發表反美、反帝國主義演說。	蘇聯太空人加加林成功達成人類首次進入太空飛行。
34歲 1962年	5月20日，阿萊伊達生下長子卡米洛。10月14日，古巴裝載核彈，爆發古巴飛彈危機（至28日）。	阿爾及利亞獨立。好萊塢女星瑪麗蓮．夢露去世。
35歲 1963年	6月14日，阿萊伊達產下次女塞莉亞。7月，格瓦拉前往參加阿爾及利亞獨立一週年紀念儀式。	美國甘迺迪總統遭暗殺。

36歲 1964年	12月9日，在紐約舉行的聯合國大會上發表支持拉丁美洲解放的演說。對美國提出嚴厲批判。	東京奧運開幕。
37歲 1965年	1月，格瓦拉參訪非洲諸國。2月24日，阿萊伊達產下次子埃內斯托。同月25日，於阿爾及利亞舉行的第二屆亞非人民團結組織會議上暗批蘇聯。3月14日，回到古巴。與打算和蘇聯合作的卡斯楚產生歧見。之後，辭去部長一職，也放棄古巴居留權。遠至內戰中的剛果並加入革命軍，與當地游擊隊一起作戰。10月3日，卡斯楚公開格瓦拉所寫的「告別信」。	美軍於北越展開空襲。
38歲 1966年	7月，格瓦拉悄悄回到古巴。喬裝易容，為了前往玻利維亞參與革命做準備。使用假名「拉蒙」與妻小相會。11月4日，進入玻利維亞。同月7日，潛伏於玻利維亞的良加瓦蘇游擊隊基地。玻利維亞政府受美國政府奧援，以強勢軍力展開掃蕩攻擊。	中國發生文化大革命。披頭四首度造訪日本。
39歲 1967年	10月8日，格瓦拉遭玻利維亞政府軍逮捕。昱日，遭槍決去世。	第三次中東戰爭。以色列併吞東部耶路撒冷，占領約旦河西岸與加薩走廊。
死後1年 1968年	7月2日，附上卡斯楚所寫的序文，格瓦拉於玻利維亞所寫的日記由古巴國立出版社發行。	蘇聯出兵占領捷克，即「布拉格之春」。墨西哥奧運。
死後30年 1997年	7月，於玻利維亞發現格瓦拉的遺骸。送至哈瓦那，安葬於聖塔克拉拉的紀念碑下。	英國將香港主權移交中國。《京都議定書》簽定。

參考書目文獻(未排序)

イルダ・バリオ/ギャレス・ジェンキンズ著(鈴木淑美訳)『フォト・バイオグラフィ　チェ・ゲバラ』原書房、三好徹著『チェ・ゲバラ伝　増補版』文春文庫、伊高浩昭著『チェ・ゲバラ　旅、キューバ革命、ボリビア』中公新書、アラン・アマー著(廣田明子訳)『フォト・ドキュメント　ゲバラ　赤いキリスト伝説』原書房、知的好奇心研究会編著『元気が出るゲバラ語録』リイド文庫、戸井十月著『チェ・ゲバラの遥かな旅』集英社文庫、チェ・ゲバラ著(棚橋加奈江訳)『モーターサイクル・ダイアリーズ』角川文庫、チェ・ゲバラ著(五十間忠行訳)『ゲリラ戦争　キューバ革命軍の戦略・戦術』中公文庫、チェ・ゲバラ著(真木嘉徳訳)『ゲバラ日記』中公文庫、チェ・ゲバラ著(平岡緑訳)『革命戦争回顧録』中公文庫、チェ・ゲバラ著(甲斐美都里訳)『ゲバラ　世界を語る』中公文庫、田沼幸子著『革命キューバの民族誌　非常な日常を生きる人びと』人文書院、後藤政子/樋口聡編著『キューバを知るための52章』明石書店、Ernesto Che Guevara, *Notas de Viajes*, Editiorial Abril. Ernesto Che Guevara, *Otra Vez*, Editorial Che Guevara. Ernesto Guevara Lynch, *Mi Hijo el* Che, Editorial Arte y Literatura. Hilda Gadea, *Che Guevara años decisivos*, Ediciones Aguilar.そのほか多数

照片提供(未排序)

アフロ/amanaimages/Corbis/Bridgeman/SCALA/AP/REUTERS/時事通信社/共同通信社/AFP/中国新聞社/akg-images/Newscom/Picture Alliance/Prensa Latina/Everett Collection/Eyedea Presse/Rex Features/Sygma/Bettmann/Eye Ubiquitous/RAPHO/Roger-Viollet/ adoc-photos/Miraflores Press Office/CTK/Ullstein Bild/CAMERA PRESS/GAMMA/Shutterstock/PR/RAT

攝影師

Alberto Corda/Franco Mattioli/Abdel Latif/Alain Nogues/Brian Moser/John Lindsay/Marcos Brindicci/Harry Harris/Jean-Claude Coutausse/Roberto Salas/Osvaldo Salas/ David Mercado/Rene Cadima/Heinz Junge